具有挑战性、趣味性与科学性的思维名题

达夫 主编

最强大脑

世界经典思维名题

吉林出版集团股份有限公司

图书在版编目（CIP）数据

最强大脑.世界经典思维名题/达夫编著.--长春：吉林出版集团股份有限公司,2018.11

ISBN 978-7-5581-5913-8

Ⅰ.①最… Ⅱ.①达… Ⅲ.①智力游戏－通俗读物 Ⅳ.① G898.2

中国版本图书馆 CIP 数据核字（2018）第 242726 号

ZUI QIANG DANAO SHIJIE JINGDIAN SIWEI MINGTI
最强大脑 世界经典思维名题

编　　著：	达　夫
出版策划：	孙　昶
责任编辑：	杨　蕊　侯　帅
装帧设计：	韩立强
出　　版：	吉林出版集团股份有限公司
	（长春市福祉大路 5788 号，邮政编码：130118）
发　　行：	吉林出版集团译文图书经营有限公司
	（http://shop34896900.taobao.com）
电　　话：	总编办 0431-81629909　营销部 0431-81629880 / 81629900
印　　刷：	天津海德伟业印务有限公司
开　　本：	880mm×1230mm　1 /32
印　　张：	6
字　　数：	146 千字
版　　次：	2018 年 11 月第 1 版
印　　次：	2021 年 5 月第 3 次印刷
书　　号：	ISBN 978-7-5581-5913-8
定　　价：	32.00 元

印装错误请与承印厂联系　　电话：022-82638777

前言

　　爱因斯坦说过："人们解决世界的问题，靠的是大脑的思维和智慧。"思维创造一切，思考是进步的灵魂。如果思维是石，那么它将敲出人生信心之火；如果思维是火，那么它将点燃人生熄灭的灯；如果思维是灯，那么它将照亮人生夜航的路；如果思维是路，那么它将引领人生走向黎明！

　　思维影响一个人的观念和态度，也决定一个人的视野、事业和成就。不同的思维会产生不同的观念和态度，不同的观念和态度产生不同的行动，不同的行动产生不同的结果，而不同的结果则昭示着不同的人生。只有具有良好的思维，才能升华生命的意义，收获理想的硕果。成功者无一不具有创造性思维，而失败者总是困于僵化的思维之中。人的命运常常为思维方式所左右，创造性思维就是打开命运之门的金钥匙。

　　当今世界的发展日新月异，我们面临着一次又一次的重要变革，挑战无处不在。越来越多的人意识到，思维训练不只是专家和高层管理人员的事情，它对于一个普通人的学习、生活和工作也起着至关重要的作用。一个人只有接受更多、更好的思维训练，才能有更高的思维效率和更强的思维能力，才能从现代社会中脱颖而出。

人的一生可以通过学习来获取知识，但思维训练从来都不是一件简单容易的事情，也不可能一蹴而就，许多心理学家和社会学家都认为思维命题训练是一种行之有效的方式。美国著名心理学家哈伊·奇克森特米哈伊把思维命题训练称为"使思维流动的活动"，不但能够帮助发掘个人潜能，而且能使人感到愉快，是一种通过轻松有趣的游戏训练思维、提高智力的方式。

本书精选了153道具有挑战性、趣味性与科学性的思维名题，列举了求异思维、急智思维、迂回思维、发散思维、转换思维、逻辑思维、形象思维、博弈思维等类型，每一个类型都经过了精心的选择和设计，每个命题都具有代表性和独创性，荟萃了古今中外众多思维大师的思维方法，同时将许多思维名题融于名人的轶事趣闻中，让读者能够更深切地体会到这些人类思维长河中大浪淘沙后的智慧沉淀。

本书适合利用点滴时间进行阅读和练习，既可作为思维提升的训练教程，也可作为开发大脑潜能的工具。无论你是9岁，还是99岁，对于任何一个想变聪明的人来说，它都是不二的选择。阅读本书，能让你思维更缜密，观察更敏锐，想象更丰富，心思更细腻，做事更理性，心情更愉快。

CONTENTS

目录

第一章　发散思维名题

1. 女孩的选择　// 2

2. 洞中取球　// 2

3. 于仲文断牛案　// 3

4. 山鸡舞镜　// 4

5. 假狮斗真象　// 5

6. 鲁班造锯　// 6

7. 小小智胜国王　// 7

8. 忒修斯进迷宫　// 8

9. 除雪　// 9

10. 泰勒的特殊兴趣　// 10

11. 井中捞手表　// 11

12. 绚丽的彩纸　// 13

13. 加一字　// 13

14. 贾诩劝张绣　// 14

15. 牛仔大王　// 16

16. 苏格拉底的追问　// 16

17. 小孩与大山　// 18

18. 两个高明的画家　// 18

19. 吹喇叭　// 19

第二章　求异思维名题

20. 亚历山大解死结　// 22

21. 核桃难题　// 23

22. 充满荒诞想法的爱迪生　// 24

23. 毛毛虫过河　// 25

24. 蛋卷冰激凌　// 26

25. 图案设计　// 27

26. 百万年薪　// 28

27. 聪明的小路易斯　// 29

28. 聪明的马丁　// 30

29. 银行的规定　// 31

30. 购买"无用"的房子　// 32

31. 妙批　// 32

32. 有创意的判罚　// 33

33. 鬼谷子考弟子　// 34

34. 复印机定价过高　// 35

35. 绝妙的判决　// 36

36. 用一张牛皮圈地　// 36

37. 问题呢子　// 37

第三章　转换思维名题

38. 把谁丢出去　// 40

39. 牙膏促销创意　// 40

40. 狐狸的下场　// 41

41. 神圣河马称金币　// 42

42. 熬人的比赛　// 43

43. 租房　// 44

44. 驼子的爱情　// 45

45. 萧伯纳与喀秋莎　// 47

46. 石头的价值 // 48

47. 除杂草 // 49

48. 淘金者 // 50

49. 潦草的解雇通知书 // 51

50. 触龙巧说皇太后 // 52

51. 保护花园 // 53

52. 张齐贤妙判财产纠纷案 // 54

53. 巧换主仆 // 55

54. 父亲的深意 // 56

55. 最重要的动作 // 57

第四章　形象思维名题

56. "动者恒动"定律 // 60

57. "东来顺"的设想 // 60

58. 南茜的妙想 // 61

59. 女佣的简单方法 // 61

60. 日光灯的发明 // 61

61. 成功学大师的形象思维 // 62

62. 被赐福的球棒 // 63

63. 厂长的联想 // 63

64. 贝尔发明电话 // 63

65. 充气轮胎的发明 // 64

66. 利伯的设想 // 65

67. 番茄酱广告 // 65

68. 费米发现核能 // 65

69. 引狼入室 // 66

70. 蔡伦造纸 // 66

71. 毕达哥拉斯定理的发现 // 67

72. 瓦特改良蒸汽机 // 68

73. 哈格里夫斯发明珍妮纺纱机 // 69

74. 蜘蛛的启示 // 70

75. 贾德森发明拉链 // 71

76. 祖冲之测算圆周率 // 71

77. 善于联想的企业家 // 72

78. 杜朗多先生的"陪衬人" // 72

第五章　迂回思维名题

79. 特洛伊木马 // 74

80. 三夫争妻 // 75

81. 诸葛亮出师 // 77

82. 别具匠心 // 78

83. 毛姆的广告 // 79

84. 孔子穿珠 // 80

85. 别具一格的说服 // 81

86. 巧妙的劝阻 // 83

87. 郑板桥巧断悔婚案 // 84

88. 记者装愚引总统开口 // 85

89. 东方朔劝汉武帝 // 86

90. 诸葛亮智激周瑜 // 89

91. 新知府"絮叨"问盗 // 90

92. 魏徵巧劝唐太宗 // 92

93. 长孙皇后劝唐太宗 // 93

94. 劝章炳麟进食 // 95

95. 林肯迂回拆谎言 // 96

96. 孙宝充称徽子 // 97

97. 神甫的答案 // 99

98. 拥挤问题 // 101

第六章 急智思维名题

99. 弦高救国 // 104

100. 王羲之装睡脱险　// 105

101. 尔朱敞换衣脱难　// 106

102. 绝缨救将　// 107

103. 拿破仑救人　// 108

104. 老太太点房报警　// 109

105. 与贼巧周旋　// 110

第七章　博弈思维名题

106. 华盛顿找马　// 114

107. 蔺相如完璧归赵　// 114

108. 摸钟辨盗　// 115

109. 晏子使楚　// 117

110. 郑板桥智惩盐商　// 118

111. 县令巧计除贼窝　// 119

112. 墨子退兵　// 120

113. 西门豹治邺　// 122

114. 徐童保树　// 123

答案　// 125

第一章
发散思维名题

1. 女孩的选择

一个南方女孩和一个北方男孩相爱了。一天晚上，男孩向女孩求婚，女孩有点不知所措，她说："让我想想。"她回家后拿出一张纸，左边写上"不嫁"，右边写上"嫁"。在不嫁的那一栏，她写下：

他工作不稳定，收入不高。

南、北方生活习惯不一样，将来会有麻烦。

他学历不高。

他有体弱多病的母亲和上学的妹妹，家庭重担靠他一个人承担。

……

在右边那一栏，她写下了一个字——爱。

女孩会做怎样的选择呢？

2. 洞中取球

北宋的宰相文彦博小时候是个聪明可爱的孩子，不仅书读得好，而且活泼好动，经常和小伙伴们一起踢球。

有一天，文彦博又和村里的小伙伴们在打谷场上踢球。大家你来我往，踢得兴高采烈，文彦博更是厉害，一个人就踢进了两个球。大家正玩得高兴，不知是谁一不小心把球踢出了场外。只见那球刚开始力道很大，后来没有劲儿了，滚着滚着，正好滚到一颗大白果树的树洞里去了。大家笑着说："这是谁啊？脚法这么好，一脚就把球踢到那么小的树洞里去了，太厉害了吧。"说着，大家纷纷跑过来捡球。

树洞里黑漆漆的，大家睁大了眼睛，也看不到球在哪里。有个胳膊长的小朋友自告奋勇来够球。只见他趴在地上，手臂使劲儿往树洞里伸，半个身子都快伸进去了。但是树洞太深了，他怎么也够不到底。看来用手是够不到了，只有想别的办法了。

又有一个小朋友说："我有办法了，我去拿个竹竿来够。"于是他找来了一根长长的竹竿。可是树洞竟然是弯弯曲曲的，竹竿是直的，不会拐弯，所以也够不到底。

大家都着急起来，骂这讨厌的树洞："破树洞，坏树洞，怎么偏偏长在这里，把我们好好的球给吃进去了。"如果树洞会说话的话，肯定会很委屈："怎么怪到我了？是你们自己踢进来的呀，要怪也只能怪你们自己。"

想到以后没有球踢了，大家都很沮丧。忽然，文彦博一拍脑袋叫道："有了，我有办法了。"

文彦博想出的是什么办法呢？

3. 于仲文断牛案

于仲文是隋朝的大将军，他足智多谋、英勇善战，曾经率领8000人打败了对方10万人的大军，小时候的他就是一个聪明伶俐的孩子。

于仲文9岁的时候曾经面见皇帝，皇帝见他聪明可爱，就有意考考他："听说你爱读书，那么书里写的都是哪些内容呀？"

于仲文从容地回答："奉养父母，服务君王，千言万语，只

'忠孝'二字而已。"

皇帝听了连连称赞:"说得好,说得好! 真是一个聪明的孩子! "

从此于仲文的名声就传扬开来了。

有一回,村里的任家和杜家都丢失了一头牛,两家都倾巢出动,分头寻找,但是后来只找到一头牛,两家都抢着说牛是自己家的,争执不下,就把官司打到了州里,州官接到这个案子也难以判断,愁眉不展。

这时候,手下的一个官员向州官出主意:"于仲文聪颖过人,连皇上都夸奖他,何不让他来试试断这个案子呢? "

州官摇摇头说:"嘴上无毛,办事不牢,于仲文只是一个乳臭未干的毛孩子,凭借一句巧话,赢得皇上开心,徒有虚名而已,未必有什么真才实学。"

官员说:"大人这样说就不对了,自古英雄出少年,我觉得于仲文还是有过人之处的,反正有益无弊,就让他试试吧。"

州官觉得有理,就派人请来了于仲文。

于仲文来到州府,问明了情况,就笑着说:"这个案子不难断。"说着,他就让任家和杜家都把自家的牛群赶到大操场上,分别圈在操场的两边,然后叫人牵来那头有争议的牛。州官和围观的群众都不知道他葫芦里卖的是什么药。

牛的身上并没有标记,怎么来判断牛的归属呢?

4. 山鸡舞镜

山鸡是南方珍贵的飞禽,它爱站在河边,看着河里自己的影子翩翩起舞。有一回,南方派人给曹操送来了一只山鸡。

　　曹操非常想看山鸡跳舞，但是宫殿里没有河流，山鸡不肯跳舞。曹操就让身边的大臣们想个办法让山鸡跳舞。大臣们挖空了心思，也没有想到好办法。曹操见了，长叹一声说："我是没有缘分看到山鸡跳舞了。"

　　曹操六岁的小儿子曹冲看到父亲不高兴，他想了想，就跑到曹操面前说："父亲，你不要苦恼，孩儿有办法让山鸡起舞。"

　　曹操知道曹冲是个机灵鬼，但是满朝文武都没有什么好办法，他不太相信曹冲能想到好办法，就将信将疑地问："哦？你有什么办法？"

　　曹冲调皮地说："其实办法很简单，父亲只管观看山鸡起舞就是了。"

　　曹冲想出了什么办法？

5. 假狮斗真象

　　汉朝日南郡有一个林邑县。东汉末年，天下大乱，林邑县的功曹趁机杀了县令，自立为王，改林邑县为林邑国。魏晋时期，依然内战不断，朝廷就一直没有派兵去征讨。这样又过了200年，林邑国已经发展起来，国力比较强盛了。

　　南北朝时期，宋文帝封宗悫为"振武将军"，命令他带领5000人马，去征讨林邑国。宗悫率领大军辞别了宋文帝，就浩浩荡荡地来到了林邑国。

　　宗悫刚指挥军队排成阵势，准备战斗。林邑国的国王就亲自摇鼓，他手下的将士们拼命地摇旗呐喊，气势非常惊人。宋军以为他们要冲过来了，都全神戒备。忽然，从林邑军后面的树林里跑出 1000 多头大象，发疯似的向宋军冲过来。大象的皮厚力大，宋军的刀枪根本伤不了它，它们在宋军阵营里左冲右突，如入无人之境。宋兵死伤无数，宗悫赶紧收拾残兵退回大营，一边挂出免战牌，拒不出战，一边召集谋士商量对策。

一个谋士说："一物降一物，只有狮子能对付得了大象，如果我们能弄到几百只狮子，就能破了对方的大象阵。"

另一个谋士说："这倒是，不过我们到哪里去找这么多狮子呀？就算找到了，还得花时间训练，否则它连自己人都吃了。"

宗悫听了谋士的议论，忽然眼睛一亮，大声说："我有办法了！"

6. 鲁班造锯

鲁班是春秋时期本领最高超的木匠，有一个成语"班门弄斧"，意思就是说，谁要敢在鲁班面前卖弄木工手艺，那就是自不量力！鲁班不仅是一个技艺高超的木匠，还是个发明家，相传锯子就是他发明的。

有一回，鲁国的国君命令鲁班建造一座宫殿，必须按时完成，否则就要严厉处罚鲁班。接到任务后，鲁班立即着手准备原材料，其中需要最多的，当然是木材了。鲁班就叫徒弟们上山砍树。

就好像和鲁班作对似的，山上的树特别难砍，徒弟们一天忙到晚，累得腰酸背痛，还是砍不了几棵树。鲁班见了非常着急，他想："照着这样的速度进行下去，肯定会延误工期的，不行，我得想个办法提高速度。"

一天，鲁班又忧心忡忡地到山上去察看。为了节省时间，他抄近路从一个很陡的土坡上往山上爬。树木茂盛，杂草丛生，鲁班就抓着树根和杂草，一步一步奋力向山上爬去。忽然鲁班感到长满茧子的手上一阵轻微的疼痛，低头一看，原来手掌已经被草划伤了，冒出血来。"什么草这么厉害？"鲁班一面小声嘀咕着，一面好奇地拔起那棵划伤他的小草，他发现小草的叶子是锯齿状的，刚才划伤他厚厚的茧皮的就是这些锯齿。鲁班若有所悟，他又拿草在手上拉了拉，手上就又添了几道细小的划痕。

"没想到这些细小的齿，竟然有这么大的力量，如果我照着草叶子的样子，做成一把铁的工具，那么伐树不就又快又省力了吗？"鲁班自言自语着，于是他决定立即回去试制一下。

鲁班发明了什么工具？

7. 小小智胜国王

一年夏天，热爱冒险的三兄弟，来到了 X 王国，看到城墙上贴着一张布告，上面写着：凡是能完成国王三道难题的，国王将奖赏他 500 两黄金，但如果做不到，他将面临终身监禁的惩罚。

大哥大大看到奖赏 500 两黄金，就美滋滋地跑进宫去了。结果，X 国王的三道难题，大大连一道也没做出来，被关进了监牢。

二哥中中决心救回大大，就坚定地走进皇宫，可是他也失败了，和大大关在了一起。

最小的弟弟小小，在家等了三天三夜，也没等到二哥回来，他知道二哥也被抓起来了，就怀着悲愤的心情，走进皇宫，对 X 国王说："尊敬的陛下，如果我能做出您的三道难题，我不要您的 500 两黄金赏赐，我只要求您能放了我的两个哥哥。"

国王听了，就说道："好，如果你能做出三道难题，我就放了你的两个哥哥，还会给你 500 两黄金，但是做不出来，我就不客气了。"说完，就让小小开始做题。

只见侍卫拿过来一个装满水的玻璃杯，一个空盆子和一个铁丝编成的筛子。第一道题是用筛子盛水，只要把玻璃杯里的水倒进筛子，而不漏出来，就算完成了；第二道题目是把鸡蛋放在纸上煮熟；最后一道题目是：从一个盛满水的大盘子里，取绿色的玉片，前提是不能沾湿了手。

……

测试结果是小小出色地完成了三道题目，连国王都暗暗佩服，他立即放了大大和中中，还送给他们 500 两黄金。兄弟三人高兴地拿走黄金，又到别的地方冒险去了。

小小如何做对这三道题的，你知道吗？

8. 忒修斯进迷宫

海神波塞冬为了惩罚雅典国王的不忠诚，就在雅典城降下了一个牛头人身的怪兽。怪兽名叫弥诺陶洛斯，它凶残成性，每顿都吃童男童女的肉。

国王对它无可奈何，只好叫一个技艺高超的工匠建了一个迷宫，把怪兽关在迷宫里。据说迷宫造得非常精巧，当初那位工匠建好迷宫后，自己都找不到出来的路了，只好又做了一个翅膀才飞出来。但是，因为惧怕海神，国王还是命令雅典臣民每九年给怪兽弥诺陶洛斯进贡七对童男童女，一时间，人心惶惶，有儿女的人家纷纷背井离乡。

转眼又过了九年，又该给怪兽弥诺陶洛斯进贡了。这时候出现了一个英雄——忒修斯，他决心救雅典人民于水火。于是，他就装扮成一个童男，身上藏着锋利的宝剑，打算混进迷宫去，趁弥诺陶洛斯不备，一举杀了它。

美丽的公主阿里阿德涅看出了忒修斯的意图，非常欣赏忒修斯的勇气，她已经暗暗地喜欢上了眼前这个英俊的年轻人了，就关切地问："弥诺陶洛斯凶猛无比，一般人根本伤不了它，你打算怎么对付它？"

忒修斯胸有成竹地说："怪兽来吞吃童子的时候，是最没有防备的，我会趁机用锋利无比的宝剑，刺穿它的心脏，这对于我来说，不是什么难事，我所担心的是迷宫，只怕进去后就出不来了。"

聪明的阿里阿德涅低头想了想，就有了一个好主意……

9. 除雪

20 世纪 70 年代，加拿大北部地区因为地处高纬度，又是山地地形，气候寒冷多雪，电话线经常会被厚重的积雪压断，给人们的生活带来很大的不便，而电信公司不得不频繁地修复断掉的电话线。后来，为了防止这种情况，电信公司经常要在大雪过后乃至是下雪期间派人清扫电线上的积雪，而这样的事做起来烦琐而缓慢，需要投入巨大的人力，十分麻烦。一次，一场罕见的大雪过后，两个电信公司的员工又赶往现场清扫电话线上的积雪，当看到电话线上十分厚重的积雪后，其中一个人无奈地感慨道："唉，这么厚重的积雪，恐怕只有上帝才能尽快将其清扫完毕了！"说完便开始干自己的活了。

但是，说者无心，听者有意，另一个一向爱动脑筋的同事在听了同伴的这句话后开始动起了脑子：是啊，如果上帝肯帮忙清扫的话，那就快多了！如果上帝清扫的话，他会怎么清扫呢？对他来说，他肯定不用拿着扫把一点一点地清扫，而是在空中……顿时，他想到了一个主意，于是将这个主意上报给了其上司。最后，经过认真研究之后，电信公司果然采用了他的这个办法，使得清扫积雪的工作变得简单而高效。

你能猜出这个电信公司的员工想出的办法是什么吗？

10. 泰勒的特殊兴趣

马克斯韦尔·泰勒上尉在 1937 年年底被美国派往中国担任驻华武官。当时，由日本挑起的"七七事变"刚刚爆发，于是美国也加紧了对于日本的情报收集。因此就在泰勒上尉前往中国前夕，他受到了美国中央情报局的召见，并被赋予了一项特殊使命，就是秘密调查侵华日军的编制及其番号。

泰勒之所以被授予这项任务，是因为他其实是个日本通，早年他曾在日本帝国大学留学多年，对日本的文化和各种习俗都十分熟悉。正因为如此，他在读书期间以及之后都结识了许多日本朋友，但是由于中日战争爆发之后，美国一直是站在中国一方的，因此他和他的朋友不得不选择站在自己的阵营里。来到中国后，泰勒一边以驻华武官身份做掩护，一边秘密搜集情报，但经过一番苦思冥想，很难有机会接触到日军的他也未能找到一个完成任务的锦囊妙计。

这天，泰勒又一个人在房间里苦苦思考该如何完成自己的任务，他一边想，一边开始回忆自己在日本的生涯，试图从中得到一些启发。在经过一番思索之后，他的目光被挂在墙上的相框里的一幅相片所吸引。照片上是全副戎装的三个青年，风华正茂，左右两个是日本人，中间的那个则是泰勒自己。泰勒回忆起来：这是自己留学东京时与大学里最要好的两位朋友田木与竹浦利用休假日一起到名古屋游览时，在名古屋最大的一座寺庙里照的。

于是，泰勒不禁又回想起了当时的情景。泰勒记得，当时，两个朋友还带着自己到寺庙中签名留念，自己刚开始并没有当一回事，只是草草签上了自己的名字。但是，竹浦和田木还专门提醒泰勒，不仅写名字，而且要注明自己的身份，并十分严肃地对他说："泰勒君，在我们日本，签名留念是一桩十分虔诚严肃的事。"而后来在世界各地的许多名胜古迹，泰勒都发现有日本人的签名留念，的确如两位朋友所说，日本人有这个癖好，并且他们也往往会注明自己的身份，以显示自己的诚意。

想到这里，一个奇妙的主意在泰勒头脑里产生了，他觉得自己找到了完成任务的一个绝佳的方法……

你能猜出他是如何完成任务的吗？

11. 井中捞手表

有个名叫柯岩的七八岁的小孩。一天，他在课本上学了《司马光砸缸》的故事，之后，他便决心做个像司马光那样的爱动脑筋的小孩，遇事积极地去想办法。

一天，柯岩到乡下的姑妈家去玩耍。姑妈给他拿出了一些好吃的之后，便让他在屋里看电视，然后自己到井边洗衣服。柯岩正在看电视，突然听到姑妈"哎呀"一声，他于是赶忙出去看是怎么回事，原来姑妈因为洗衣服时不方便，要将自己的一块手表摘下来，没想到不小心失手，手表就掉进井里。柯岩一想，手表掉进水里，不就坏了吗？但是姑妈告诉他那是块防水表，捞上来还可以用的。因为井并不是很深，姑妈找了一根竹竿，并在竹竿上安了一个铁钩，想将手表勾上来。虽然竹竿的长度够得着，但是因为井下面黑咕隆咚的，看不到手表的位置。因此姑妈勾了一通之后，并没能捞出手表，因为那是自己在外地读大学的儿子送给自己的表，姑妈十分珍惜。费了一番劲，勾不出来后，姑妈因为担心防水表在水里久了也会损坏，开始有些着急了。

在一旁看着的柯岩一看姑妈急成这样，心想：这不正是需要发挥聪明才智的时机吗？于是脑袋便开始转动起来。他一边想，一边抬头看到了天上光芒刺眼的太阳。于是，他眼睛一亮，便赶紧跑进屋里，从屋里拿了一面镜子出来。他一边走一边说："姑妈，您别着急了，我有办法了！"他于是拿着镜子试图将太阳光反射到井里去，但是，因为太阳在上面，不论他怎样调整角度，都无法将太阳光反射到井内。

最后，姑妈慈爱地抚摸着柯岩的手说："行了，太阳在上面，镜子怎么摆，光线也只会反照在上面啊，姑妈再捞捞看吧！"

柯岩于是挠挠头，败下阵来，突然，他眼睛又一亮，想到了进一步的办法。最后，果然，他成功地将光线反射到了井里，帮姑妈捞出了手表，并且手表还好好的。姑妈十分高兴，直夸柯岩是个爱动脑筋的好孩子。

想一下，柯岩是如何使得光线成功地反射到井里的？

12. 绚丽的彩纸

1901 年，荷兰轮船"塔姆波拉"号因为雾大，在东印度群岛触礁沉没。附近小岛上的居民纷纷划船出海打捞东西，其中有一个人因为来得晚，看好东西都被别人捞完了，只好捞了别人不要的一大捆花花绿绿的纸。他觉得这些纸挺绚丽的，可以用来当壁纸装饰他的小屋子。

几个月后，有个外国商人带了许多商品来到岛上做生意。这个打捞了彩纸的人告诉外国商人，他想从他那里得到一些针线，但是他没有钱，想用一些鱼骨交换。商人于是跟着他来到了他的小屋里，一看到小屋墙上的彩纸，商人立刻表示自己不要他的鱼骨了，他只要墙上的这些彩纸就行了。

猜一下，商人为何对这些没用的彩纸感兴趣？

13. 加一字

南宋末年，蒙古铁骑在扫除了南宋外围的一系列障碍之后，开始南下灭宋。公元 1271 年，蒙古建国，国号为元。1276 年，元朝军队攻占南宋都城临安（今杭州），俘虏 5 岁的宋恭宗，灭南宋。后来，南宋光复势力，陆秀夫、文天祥、张世杰等人连续拥立了两个幼小的皇帝（宋端宗、幼主），在广东南崖山建立南宋流亡朝廷。元军对这个流亡朝廷穷追不舍。1279 年，在崖山海战中，陆秀夫保护着9岁的小皇帝赵昺拼死与元朝军队战斗，终因寡不敌众而失败。陆秀夫宁死不屈，抱着小皇帝投入大海，在历史上留下了可歌可泣的一页。

可恨的是，当时追杀陆秀夫和小皇帝的正是南宋降将张弘范。这个投敌叛国的败类逼死小皇帝，不仅没有感到惭愧，反而恬不知耻地在当地树起了一块石碑，上刻"张弘范灭宋于此"，意思是以元朝开国功臣留名后世。

崖山的百姓看到这块碑后怒火中烧，要将石碑推倒。但是一位当地的书生却说："不用推倒石碑，只要加上一个字就可以了。"

于是，乡民们便按照读书人的意见加刻上了一个字，一下子，这个记功碑便成了张弘范的耻辱柱。

你能猜出这个字是如何加的吗？

14. 贾诩劝张绣

三国时期，曹操率军南征，讨伐宛城割据军阀张绣。张绣与刘表结盟抗击。曹操攻打张绣的过程中，因后方有事，突然主动撤兵。张绣一见，便要亲自带兵追击曹操。其谋士贾诩劝阻张绣道："不要去追，如果去追必定要吃败仗。"张绣却认为这是击败曹军的好机会，不肯听从贾诩的建议。结果张绣果然吃了败仗回来了。

张绣吃了败仗回来后，十分懊恼当初没有听从贾诩的建议，当面向其赔礼。但没想到此时贾诩却说道："现在正是追击曹操的好时机！"张绣一听，以为贾诩是在讽刺自己，说道："先前没有采纳您的意见，以至于吃了败仗。如今已经失败了，先生您怎么又让我追击呢？"

贾诩说道:"现在来不及细说,此一时彼一时,战斗形势已经发生变化,现在追击,定能取胜!"于是,张绣便听从了贾诩的意见,聚拢败兵再次前去追击。这次果然击败曹军,得胜而归。

张绣回来后,对于贾诩的建议很是迷惑,问道:"我第一次用精兵追击曹军,您说肯定会失败;第二次我用败兵去追击刚打了胜仗的曹军,您却断言肯定会胜利。而两次结果都应验了您的话,这究竟是怎么回事呢?"

贾诩回道:"这其实很容易理解。您虽然很善于用兵,但还不是曹操的对手。曹军刚撤退时,他肯定已预料到您会在后面追击,因此曹操必然会亲自在后面压阵,并做了充足的准备。因此我知道,我军虽然精锐,也必然失败。曹操先前进攻到了一半,没有任何缘由地突然撤军了,因此我料想必定是他的后方出了什么紧急的事情。曹操既然已经击退了你的追击,便必然会放下心来,自己轻装快速往回赶,只留下一些部将在后面断后。而这些部将必然不是您的对手,因此我断定您虽用败兵,也能取胜。"张绣听了,十分拜服。

后来,袁绍和曹操在官渡展开激战。袁绍为了孤立曹操,便派人去诱降张绣,希望他能归附自己,同时还给贾诩写信示好。

张绣看袁绍势力强大,便想归附他。但是贾诩却直接对袁绍的使者说:"请您回去转告袁绍,不是我们不愿意归附。试想,他们兄弟之间都反目成仇,不能彼此容忍,还如何容纳得了天下豪杰?"张绣一听,也暗自点头,当即对袁绍的使者表示了不愿意归附的意思。使者只好怏怏地回去了。

袁绍的使者走后,张绣问贾诩:"我到底应该归附谁呢?"贾诩说道:"不如归顺曹操。"张绣于是充满顾虑地问:"袁绍的势力比曹操要大得多,同时我又和曹操结了仇,为何要归顺他呢?"

假如你是贾诩,你会说出一些什么理由?

15. 牛仔大王

当年,李维斯和很多年轻人一样投入到了西部淘金热潮之中。在前往西部的路途中,有一条大河挡住了去路,人们纷纷向上游或下游绕道而行,也有人遇到阻碍就打道回府。李维斯对自己说:"凡事的发生必有助于我。这是一次机会!"他想到了一个绝妙的创业主意——摆渡。很快他就积累了一笔财富。

后来摆渡的生意冷淡了,他决定继续前往西部淘金。到了西部,他发现那里气候干燥,水源奇缺,人们纷纷抱怨:"谁给我一壶水喝,我情愿给他一块金币。"李维斯又告诉自己:"凡事的发生必有助于我。这是一次机会!"他又看到了商机,做起了卖水的生意,渐渐地卖水的人越来越多,没有利润可图了。

这时,他发现淘金者的衣服都是破破烂烂的,而西部到处都有废弃的帐篷。李维斯再次告诉自己:"凡事的发生必有助于我。这是一次机会!"由此他又想到一个好主意。

他想到了什么好主意?

16. 苏格拉底的追问

苏格拉底是古希腊著名的哲学家,这位哲学家不喜欢待在书斋里研究问题,而是喜欢到热闹的雅典街头发表演说或与人辩论,在这个过程中使自己的思维得到发展,使自己的学问得到提高。

而苏格拉底与人辩论的方式也很奇特，往往是他在不停地追问对方，直到对方和他达成一致。

有一天，苏格拉底像往常一样，来到雅典闹市的中心，伺机寻找人辩论。他看到一个过路的年轻人正要从自己身边经过时，他上前一把拉住这个年轻人说道："对不起，先生，我有一个问题搞不明白，想向您请教一下。大家都说我们应该做个有道德的人，可是道德究竟是什么呢？"

年轻人回答说："忠诚老实，不欺骗别人，就是有道德了。"

苏格拉底装作低头想了一会儿，然后又问道："那为什么在战斗中，我们雅典的将领设计欺骗敌人，我们非但不骂他没有道德，反而却称颂他呢？"

年轻人一听，便说："欺骗敌人是符合道德的，只有欺骗自己人才是不道德的。"

苏格拉底又继续问道："那么，当雅典的军队身陷重围之中，将领为了鼓舞士气，欺骗士兵说援军就要到了。于是，大家在这个好消息的鼓舞下，奋力突围了出去。这种欺骗也不道德吗？"

年轻人于是说道："那是在战争中，将领出于无奈才那样做，如果在日常生活中这样做就不符合道德了。"

苏格拉底于是又问道："如果一个老人患了不治之症，医生和家人为了不给其造成心理阴影，使其能够快乐地度过最后的一段日子，从而瞒着他这件事，难道这也是不道德的吗？"

年轻人只好承认："这种欺骗也是符合道德的。"

苏格拉底于是总结道："这么说来，不骗人是道德的，而骗人有时也是道德的。就是说道德不能用骗不骗人来说明。那么，究竟用什么来说明它呢？您能告诉我吗？"

你知道年轻人是如何回答这个问题的吗？

17. 小孩与大山

有一个小孩第一次到山里的外婆家，吃过饭后他一个人跑到外面去玩。当他看到对面的大山时，瞪着好奇的大眼睛，不知道这个奇怪而巨大的东西是什么，于是他试着和对方打招呼，轻轻地喊了一声："喂！"

结果小孩发现对方也回了一声："喂！"

小孩于是很高兴，便又喊道："你是谁呀？"

对方也同样问了一句："你是谁呀？"

小孩于是回答道："我叫小明，你呢？"没想到对方这次还是回应了同样的话。小孩于是便不高兴了："你怎么老是学我说话！"又是同样的回应。小明这下干脆恼火了："你真讨厌！"对方也同样不客气地回应了同样的话。接着小明便将对方使劲骂了一顿，自然，对方也一点不漏地奉还给了他。

小孩最后感到又气愤又难过，正在这时，一个山里的老人从旁边经过。他正好看到了小孩的举动，于是便对他说了一句话，要小明按照自己的做法去和对方沟通。结果，小明果然和对面大山成了很好的玩伴。想一下，假如你是那个老人，你该对小孩怎么说？这个故事反映了什么样的哲理？

18. 两个高明的画家

古时候，在苏州城里住着两位高明的画家，一个姓黄，一个姓李。两个人的画都十分高妙，受到人们的追捧。但总体来说，似乎人们对李画家的评价要略微高于黄画家。于是，黄画家便觉得很不舒服。终于有一天，他向李画家提出比试画作。李画家无奈，只好接受了比试。

这天，苏州城里的名流和李画家一起来到了黄画家的家中，欣赏他专为此次比试所作的画。黄画家早已等在家中，等所有人都到齐了，他便走到墙边，扯开画布。没想到画面刚一露出来，一条蹲在地上的猫便扑了上去。大家仔细一看，原来是因为黄画家所作的是一幅山水画，在水中有一条鱼正在游动，看上去栩栩如生，猫以为是真鱼，便扑了上去。名流们一看，纷纷对黄画家赞不绝口，对其精湛的技艺表示叹服。黄画家再一看李画家，只见他只是微笑而已。

第二天，又是这一干名流和黄画家一起来到了李画家家中。只见其画同样是挂在墙上，并被一块幕布所挡。李画家客气地请黄画家将幕布揭开，黄画家一听，便走上前去，伸手要揭开幕布。但是，就在那一瞬间，黄画家感到十分惊讶，并惭愧地对李画家说："先生画术高明，小弟甘拜下风！"名流们也一个个赞叹不已。

你猜这是怎么回事？

19. 吹喇叭

有这样一个笑话。

有个人在星期天到朋友家去玩耍，到了下午，他估摸着该回去了，于是问朋友道："现在几点了？"朋友于是走到窗口，伸出头看了看外面的太阳，便说道："现在是三点十五分。"

这个人奇怪地问:"怎么,你没有手表?"

朋友笑着说:"太阳就是我的手表。"

这个人惊讶地问:"这样判断时间能准确吗?"

"再没有比太阳更准的表了!"

这个人心想,可能看习惯了太阳,也的确没什么问题,但是他又一想,便继续问道:"那要是你夜里醒来,想知道时间的话,该怎么办呢?"

没想到朋友回答说:"没事的,晚上我有喇叭。"

"喇叭?喇叭如何告诉你时间?"这个人好奇地问。

朋友于是解释了一下,这个笑话便结束了。你能将这个笑话说完整吗?

第二章
求异思维名题

20. 亚历山大解死结

传说,上帝在造就了世间万物之后,还在苍茫的大地上留下了一个巨大的绳结,并许诺:谁能解开这个绳结,谁就会成为亚洲之王。这个绳结是由无数条绳子纠缠在一起形成的,人们称它为"高尔丁死结"。

无上权力的诱惑,像磁石一样把四面八方的英雄豪杰吸引到"高尔丁死结"面前来。他们围着死结左拆右解,个个都使出了全身解数,可是令人沮丧的是,这个死结就像一个活物一样,刚扯松一点,马上又抱成死死的一团。不要说解开死结了,人们甚至连它的一个小小的结头都没有找到。

转眼千万年过去了,无数英雄无功而返,死结依然如故!渐渐地,所有人都认为"高尔丁死结"不过是上帝给人类开的一个玩笑,仅凭人力是无法解开死结的。虽然去尝试解开死结的人仍然络绎不绝,但是没有人会天真地以为自己会解开它。

又过了无数年,一个名叫亚历山大的气宇轩昂的年轻人来到了"高尔丁死结"前,刚开始,他像前辈一样想尽了各种办法去解开它,结果还是意料之中的失望。屡次失败的这个年轻人忽然明白了什么,他拔出了自己无坚不摧的宝剑,大声说:"我不能跟着别人亦步亦趋,就算错了也不知悔改,我要创立自己的解法!"

他是如何解开高尔丁死结的呢?

21. 核桃难题

核桃好吃而富有营养，又不容易坏，因此人们在自己吃的同时，也喜欢拿它作为拜访亲友的礼品。而我们知道，核桃虽然好吃，但吃起来有些麻烦，需要先将外壳砸烂，然后慢慢掏出里面的仁来吃。鉴于此，一个食品企业便想找到一种事先将外壳去掉，使人们直接得到核仁的办法。当然，如果是碎掉的核仁，估计不会受到人们的欢迎，因此必须是完整的核仁。并且，这去掉外壳的方法还要方便高效。这显然是个难题！

但是，一旦解决这个难题，该企业必将能一举占领广阔的市场。为此，该企业专门召开了一次集思广益的员工大会。在会上，员工们听到这个奇妙的想法后，也都热情地各抒己见。例如，有个员工提议做一个夹子，比有壳核桃小一点，比核仁大一点，将核桃壳给夹碎；有个员工提议将核桃放在笼里蒸10分钟，再取出来放入凉水中冷却，然后再砸开，就能得到完整的核仁；甚至还有人提议用高声波密封的机器震碎外壳，等等。厂长听了这些办法后，都摇摇头，觉得要么可操作性太差，要么效率太低。

就在将要散会之际，一个新来的年轻员工提出了一个想法，即培育一种新品种的核桃，让其在成熟之后，外壳自动裂开。厂长一听，觉得这个主意比较有创意，一旦成功，将完全符合自己的要求。不过，这显然具有相当的难度，因为要做成这件事需要请来顶尖的生物学家。最终这个主意因为太没有把握，还是被否决了。但是，这个主意虽然被否决，它却提出了一个崭新的思路，即打开核桃不一定要从核桃壳外面着手，也可以从内部着手。正是沿着这个思路，有人最终想到了一个核仁被完好无损取出的简单有效的好方法。

你能猜出这个办法是什么吗？

22. 充满荒诞想法的爱迪生

我们知道，一旦说某人的想法比较荒诞，一般而言，便是说他的想法违背常理，乃至令人感到好笑，甚至会对持有这种想法的人进行嘲笑。但事实上，历史的进步很多时候都是由一些荒诞的想法推动的。比如牛顿刚提出"苹果为什么会落地"的问题时，在当时的人们看来，这便是一个傻问题；富尔顿在发明蒸汽机船的过程中，曾提出用钢材替换木材的想法，这也遭到了当时人们的嘲笑……但是，我们知道，最终事实证明，这些荒诞想法却是天才的想法。下面我们来讲一讲另一个著名的充满荒诞想法的人的故事，这个人便是爱迪生。

爱迪生从小脑袋里充满各种奇怪的想法。5 岁那年，他问大人小鸡是如何产生的，在得知是母鸡用鸡蛋孵出来的之后，他竟然拿了许多鸡蛋，放在干草上，然后自己一动不动地蜷伏在上面，试图也孵出小鸡。只是最终没能成功。

后来，爱迪生 10 岁时，因为看到小鸟在天空中自由地飞翔，他就想：人能不能也像小鸟那样飞起来呢？经过一番想象和"研究"，他用柠檬酸加苏打制成了"沸腾散"，认为人喝了这个之后，便能够像鸟那样飞起来了。于是，他找了个小伙伴做试验，这个小伙伴以"为科学献身"的精神喝了大量的"沸腾散"，看能不能飞起来。当然，这也没有成功。

而到了爱迪生 15 岁那年，他则开始认真研究起"炼金术"来，他试图把一块铜熔化，然后再加点其他什么金属，使它变成金子。可惜又失败了。

但是，爱迪生的荒诞想法并非全都失败了，比如他试图把声音留下来的想法，把电码传到千里之外，把开水烧到 120℃，等等，他都成功了，并由此为人类提供了许多伟大的发明。

事实上，直到老了以后，他还一直琢磨着许多荒诞的想法。比如有一次，他拿出一张宽 1 英寸、长 1 英寸（1 英寸 =2.54 厘米）的小纸，问他的小孙子："有什么巧妙的方法能够把这张纸剪出个洞，使你能够从中钻进钻出呢？"

这看上去似乎又是一个不合常理，不可实现的荒诞想法，但是，联想到爱迪生之前曾经使那么多的荒诞想法变成了现实，或许这也是可以实现的。现在你来想一下，爱迪生的想法有没有办法实现呢？

23. 毛毛虫过河

在一个小学课堂上，一个年轻的女老师为了开发同学们的思维，给大家出了一个智力题目。题目是这样的：在一条河边的草丛中，住着一条毛毛虫。一天，毛毛虫爬到一棵比较高大的草上后，发现河对岸的草十分丰茂，各种鲜花争相斗艳，并且还有一片漂亮的小树林，风景十分诱人。于是，毛毛虫便想要到河对岸去定居。可是，大河却挡住了它的去路。问题是：你能帮毛毛虫想一个过河的好办法吗？

同学们于是开始议论纷纷，给出了各种各样的答案，有的说可以乘船过去，有的说可以趴在过河的大动物身上过去，有的说可以将一片树叶当作船划过去，还有的说干脆等河干了再过去。老师对于同学们的回答不住地点头。最后，等没有人再提出新的办法时，女老师提醒同学们：其实毛毛虫还有一个好办法，这个办法不仅又快又安全，而且还不必借助外物，你们能想出来这是什么办法吗？同学们想了很长时间，最后都摇摇头，但是，其中一个聪明的小朋友突然想到了，并说了出来。女老师高兴地点了点头，并趁机教育同学们不要被惯性思维所束缚，要学会一种求异思维。那么，现在你来想一下，女老师所提示的这种办法是什么呢？

24. 蛋卷冰激凌

哈姆威原本是西班牙的一个制作糕点的小商贩。在 20 世纪初，随着美国经济的繁荣，世界各国的人掀起了一股移民美国的风潮。哈姆威也怀着发财的心理移民到了美国，他原本的心理是，自己的这种手艺在西班牙并不稀罕，而在美国则可以凭借物以稀为贵而受到欢迎。但是，到美国之后，他才发现，美国也并非如他所想象的那样轻易便能发财，他的糕点在美国并不比在西班牙时多卖多少。

不过，哈姆威倒并没有因此而灰心，只是心态平和地依旧做着自己的糕点生意。1904 年夏天，在得知美国即将举办世界展览会时，他认为这可能是个向大家推广他的糕点的机会。于是，他将他的所有家什都搬到了举办会展的路易斯安那州。并且，经过一番努力后，他也被政府允许在会场外出售他的薄蛋卷。

但是，他的薄蛋卷生意又一次令他感到失望，并没有多少人对这种陌生的食品感兴趣。倒是和他相邻的一个卖冰激凌的商贩的生意非常好，甚至连他带来的用于装冰激凌的小碟子也都很快用完了。哈姆威在羡慕之余，灵机一动，突然想到另一个主意。正是凭借这个主意，他的薄蛋卷也很快卖完，更重要的是，他的薄蛋卷也从此找到了一个更好的销售途径。

猜想一下，哈姆威想到了什么主意呢？

25. 图案设计

英国伦敦的一家广告公司面向全国招聘一名美术设计师，该公司开出了丰厚的薪酬。当然，他们的要求也比较高。在对应聘者的要求中，该公司不仅要求应聘者具有扎实的美术功底，而且要求其具有开阔的思路和别出心裁的创意。为检验应聘者的这几点，公司要求应聘者先寄来三幅自己满意的近作：一幅素描、一幅写生和一幅图案设计。

公司招聘广告登出后，很快收到了来自全国各地的许多应聘邮件，但招聘主管最终没有发现令他满意的。一天，公司又收到了一封应聘邮件。来人在信封中放了一幅素描和一幅写生，从这两幅作品来看，这个人的美术功底是比较扎实的。但是，令招聘主管感到奇怪的是，信封里却没有寄来图案设计作品。

最后，招聘主管在信封里又找到了一张小纸条，看了那张纸条上写的一行字之后，招聘主管立刻决定录用这个人。

你猜纸条上写的是什么？

26. 百万年薪

两个年轻人一起开山，一个人把石头砸成石子运到路边，当作建筑材料卖给别人；另一个则直接把石块运到码头，卖给花鸟商人，因为他发现这里的石头形状比较奇怪，很适合卖造型。三年后，第二个青年成为村里第一个盖上瓦房的人。

后来，政策改变，政府严禁开山，鼓励种树，村子周围全都变成了果园。每年秋天，漫山遍野的各种苹果吸引来了远近的客商，他们成筐成筐地将这些原生态的水果运往全国的各个大中城市，有的甚至直接运往了国外。村民们都为有了这么一个发财的机会欢呼雀跃，他们一个劲地栽种果树。但是此时那位第一个建瓦房的年轻人却卖掉了果树，在另外的荒地上栽柳树。因为他发现，村里不再缺少苹果，而是缺少盛苹果的筐子。六年以后，他成为村里第一个在城里买房子的人。

再后来，村里通了铁路，村民可以更加方便地往来于各大城市之间。由于对外开放政策的实施，乡镇企业开始流行，有了资金并长了见识的村民们纷纷积极准备建厂，发展水果加工产业。这个时候，那个做事与众不同的年轻人则在铁路旁建造了一条三米高，百米长的墙，这面墙面向铁路，背依翠柳，两边则是一望无际的万亩果园，来往的旅客在欣赏美景的同时，会看到忽然闪现的四个大字——"可口可乐"。据说这是铁路沿线百里之内唯一的广告，那个年轻人凭借这道墙每年可以获得 4 万元的收入。

20 世纪 90 年代末，日本丰田公司亚洲区的代表山田信一来华考察，当无意中听到这个故事后，他立即决定要去找到这位罕见的商业奇才。

当山田信一找到这个人的时候，发现这个人正在自己的店门口与对面的店主争执，因为他的店里一件衣服标价 600 元的时候，对面的店里就将同样的衣服标价为 550 元，而等他标上 550 元的时候，对面就标价为 500 元，这样一个月下来，他仅仅卖出去 5 件服装，而对面的那家店却卖出了 500 套。看到这个情况后，山田信一感到非常失望，他以为自己被那些故事骗了。但是很快他就了解到了事情的真相，之后当即决定以百万的年薪聘请那个人。

你能猜出日本商人弄清的真相到底是什么吗？

27. 聪明的小路易斯

父亲要带着小路易斯去郊外野餐。出发前，他们准备了各种要用的东西，父亲发现自家的油和醋都没了，就让小路易斯去打些油和醋回来。

小路易斯一听说要出去野餐，非常高兴。他拎着两个瓶子就往商店的方向飞奔。脚下一个不留神，他摔了一跤，把用来装醋的瓶子打碎了。这可怎么办呢？回家去取吧，又太远了。聪明的小路易斯想了想就带着一个瓶子去了商店。

到了商店，他对店主说："给我打半斤油和半斤醋。"说着就把一个瓶子给了店主。店主感到很奇怪，问道："你到底是要油啊，还是要醋啊？"小路易斯说："都要半斤，打到一个瓶子里就行。"店主倒也没多想，照着小路易斯的说法做了。

小路易斯高高兴兴地回家去了。他把瓶子悄悄地放在了自己的包里。

父亲带着小路易斯去了郊外。郊外的景色很迷人，小路易斯在郊外玩得很开心。

到了中午饭的时间了，父亲问："小路易斯，你把油和醋放在哪里了？"小路易斯答道："在我的包里呢。"父亲拿到瓶子时，说："这是怎么回事，怎么都放在一个瓶子里了。"小路易斯说："您要什么，我给您倒出来就是了。"父亲心想肯定是小路易斯将钱用来打游戏花掉了一半，并且将瓶子也忘在了游戏机房一个，所以才想出这个鬼主意来，心里有些生气，并想趁机教训一下他。于是，父亲不动声色地说道："好吧，我现在要油！"

小路易斯于是拿出瓶子来，因为油浮在上面，所以小路易斯很容易便将油倒了出来。

父亲于是又不动声色地接着说道："好吧，现在我要用醋，你也给倒出来吧！"父亲心想：看你这下怎么做！

没想到，小路易斯只是做了一个简单的举动，便将醋倒了出来。父亲一看，也觉得自己的儿子真是聪明，不仅不再生气，而且感到很高兴。

你猜小路易斯是如何倒出醋的？

28. 聪明的马丁

美国科普作家马丁·加德纳在少年的时候就很聪明。一次，在数学课上，为了活跃气氛，老师带领同学们做起了游戏。游戏内容是这样的：桌子上摆好10只塑料杯，左边5只盛的是红色的水，右边5只是空的。要求只允许动4只杯子，形成10只杯子中盛红色的水和空着的杯子交错排列的局面。

聪明好学的同学们在底下一边想，一边用文具摆来摆去。不一会儿，就有很多同学举手了。正确的答案就是：将第 2 只杯子和第 7 只杯子，第 4 只杯子和第 9 只杯子换个位置，就能得到不同的杯子交错排列的局面。

老师还想考考同学们，于是，又出了第二个题目。老师先把杯子放回最初的位置。然后问同学们："如果我只允许你们动两只杯子，那么你们该怎么动呢？"

这个题目比上个难点，过了很久，教室里一直都是静悄悄的。大家都在冥思苦想。这个时候，马丁·加德纳站了起来，向大家演示了一遍他的做法。果然，只动两只杯子就达到了要求的局面。

你猜他是如何做到的？

29. 银行的规定

在某个国家的某城市的一家银行，有着这样一个规定：如果客户所取的钱在 5000 元以下，就必须到自动取款机上去取，柜台不予办理。

有一个人急着用钱，就准备去银行取出 3000 元，但是他不知道银行的这个规定。银行的人很多，已经排了长长的一队，他只好排在了队尾。然而等了很久，好不容易排到他时，营业员却告诉他："5000 元以下的必须到自动取款机去取。"那个人向营业员解释自己很着急用钱，希望这次能通融下，可是营业员说这是规定，不能为了一个人就改变规定。看到营业员那么坚决，他想只好去取款机取钱了。然而看到取款机前同样长长的队伍，他决定仍然在这里取，因为他突然想到了一个好主意。在营业员并没有通融他的情况下，他在那个窗口取到了他要用的钱数。

你知道他是怎么做的吗？

30. 购买"无用"的房子

火车驰骋在荒无人烟的山野中。由于长期的旅行，大部分旅客都很疲惫，有的已经睡着了，有的在打哈欠，还有的在无精打采地看窗外的风景。

在火车即将要驶向一处拐角时，速度慢了下来。这时候，一座简陋的平房吸引了乘客们的注意。因为这里是荒山老林，没有人烟，所以看到一座平房，大家都觉得很吃惊。这座平房成了大家眼中一道特别的风景。一些人就开始谈论起这房子来。大家都在猜测这房子的主人在哪？这房子是什么时候建的？

从房子简陋的外表可以看出，这是一座废弃的房子，应该很长时间都无人住了。事实上，这房子的主人本来在此居住，但是由于过往的火车噪音太大，严重干扰了主人的生活，所以，主人就搬走了。然而房子却一直没人买，至今闲置在那里。

后来，火车上的一位乘客居然花高价买下了这座房子，并因此发了大财。你知道这是怎么回事吗？

31. 妙批

俗话说："再高贵的人也有几个穷亲戚。"这话一点也不错，就连清朝的中堂大人李鸿章，居然也有一个胸无点墨的"穷"亲戚。这个亲戚，不学无术，胸无点墨，却总想做官。他曾经多次去找李鸿章，想要个小官做，可是每次都遭到拒绝。看到李鸿章这样，他就想通过科举考试这一条路来实现自己的目的。

于是，那年开考时，他就去参加科举考试了。考场上，他一个问题也答不出来。对于这样一个不学无术的人，那些题目确实犹如天书。但是他又不甘心交白卷，这时，他突然想起自己是李鸿章的亲戚，就想让主考官知道。于是，他就在卷子上，用颤抖的手写下了歪歪斜斜的几个字："我是中堂大人李鸿章的亲妻（戚）。"他以为写下了这几个字后，阅卷先生不会不给中堂大人的面子，定能给他个官做做。但是，就这么几个字，这个笨蛋还把"戚"字写成了"妻"字，以至于后来闹出了笑话。

主考官在阅卷时，看到了这句话，哭笑不得。聪明的主考官灵机一动，将错就错，给了他一个幽默至极的批复。

你知道主考官是如何批复的吗？

32. 有创意的判罚

20世纪60年代，美国许多少年不喜欢读书，而早早到社会上去"闯荡"。这些少年为了能够获得工作，往往去找制造假证件的人制造一些假的学历证书。一次，一个墨西哥州的少年因为伪造高中学历，被雇主发现，以欺骗罪将其告上了法庭。按照通常情况，这个少年会被判处三个月的监禁或者缴纳几百美元的罚款。审判此案的法官了解情况后，却并没有依照法律条文判处，而是做出了一个令所有人都感到意外，同时又会心地一笑的判罚。同时，这个少年也对该法官终身感激。

你猜，法官是如何判的？

33. 鬼谷子考弟子

战国时期的纵横家鬼谷子在教学中非常善于培养学生的创新发散思维，其方法也与众不同，别出心裁。他的两个学生孙膑和庞涓在他的引导与点拨下迅速成长，十分聪明。

一天，鬼谷子又要训练自己的弟子了。他给孙膑和庞涓每人一把斧头，让他俩一起上附近的山上砍柴。不过，作为考题，这次砍柴的任务十分具有挑战性，他要求孙膑和庞涓每人所砍的"木柴无烟"并且"百担有余"，而且两人都必须要在 10 天内完成这个任务。

庞涓是个十分勇敢、踏实的学生，他接到任务后，未加思索，一大早就扛起扁担，拿着斧头到山上去完成老师所交代的任务去了。他每天一大早出门，直到天黑时才回来，努力砍柴。而孙膑的做法却和庞涓不一样，他并没有急于完成老师交给的任务，而是过得十分悠闲自在。他每天先是从容自若地吃过早饭，再认真地从书房中挑出一些自己以前想看而没有时间看的书，之后到后山上找了一处适合读书的地方，一读就是一整天。孙膑每天的生活都是这样，一直持续到第 9 天。

庞涓看到孙膑竟然不急于砍柴，虽然搞不清楚孙膑葫芦里到底卖的是什么药，但还是感到幸灾乐祸。庞涓心想，自己身强力壮，孙膑在体力上根本比不过自己，老师规定的时间马上要到了，孙膑竟然还在偷懒，这次，孙膑肯定不是自己的对手！

想到这里，庞涓又加紧了手中的活儿，一点儿也不放松，以前他总是输给孙膑，他下定决心这次一定要比过孙膑。

师徒约定的第 10 天快到了，庞涓劳作不止，直到天黑才砍了 99 担柴火。而孙膑呢？天快黑了，他才收起书本，砍了一根粗壮的柏树枝做扁担，又砍了两捆榆树枝，之后，他就从容地下山了。

天完全黑了，师父鬼谷子来了，他看到庞涓砍来的那 99 担木柴，就皱起了眉头。庞涓看到师傅的表情，心里暗叫不妙，果不其然，等师傅"检查作业"之后，并没有夸奖自己，而是夸奖了只砍了一担柴的孙膑，你知道因为什么吗？

34. 复印机定价过高

20 世纪中叶，在美国有个著名的企业家名叫威尔逊，他是靠研制出新的干式打印机而发财致富的。

其实，刚开始威尔逊只是一个小工厂的厂长，每天都在自己的工作岗位上兢兢业业地工作着。但是，随着自己工作阅历的增加，他发现原来收集各类信息是一件非常重要的事情，而且对自己的工作也很有帮助。有了这个发现之后，威尔逊就努力地寻找更加简单快捷的收集信息的方式。但是，由于受当时技术水平较低的限制，市面上广为使用的湿式复印机使用起来相当不方便，因为这种老式复印机必须要使用特殊的复印纸才行。所以，这就阻碍了信息的传播。威尔逊左思右想，再加上长期的研究和实践，终于研制出了一种新型的干式复印机。

新发明的复印机不仅没有老式复印机的缺点，而且复印的速度也特别的快，只需要三四秒钟的时间，就能复印一份。为了保护自己的劳动成果，威尔逊专门申请了专利，这样他便可以正大光明地生产大量的干式复印机了。

但是，由于当时威尔逊对干式复印机的定价过高，以至于美国法律不允许他以这样高的价格出售复印机。结果，生产出的大量新型复印机一台都没有卖出去。但是，即使是在这样的情况下，威尔逊公司所获得的利润却并不比出售复印机所得的利润少，反而多出了好几倍。这样的情况一直持续到20世纪60年代，最终，干式复印机可以以高价在美国出售了。

你知道为什么即使没有出售复印机，威尔逊还可以赚到那么多的钱吗？

35. 绝妙的判决

20世纪50年代，法国南部省份有一对夫妇要离婚。按照常理，这对夫妇一共有两个孩子，一人得一个孩子就是了，但是他们却都坚持要得到两个孩子的抚养权，并且要求得到原来的住宅。两人态度都十分强硬，寸步不让。最后，两个人对簿公堂。在法院，两个人都坚持自己的要求，不肯相让。最后，法官和陪审团经过协商后，当众严肃地宣读了判决书。而这份判决书一公布便令当事人和公众都大吃一惊，但是，仔细一想，这又是十分绝妙的判决，令当事人双方都无话可说。

你猜法官是如何判的？

36. 用一张牛皮圈地

古代的腓尼基有个美丽的公主狄多，她从小聪明伶俐，深受国王喜爱。但是，长大后，她的国家发生了叛乱，父王也被人杀掉，狄多公主带领着一些随从和金银细软逃离了自己的国家。他们背井离乡，辗转奔波，一路坐船来到了富饶的北非。狄多因为喜欢那里的自然风光，便决定在此定居下来，并创立自己的新事业。于是，狄多公主将自己的经历告诉了当时非洲的雅布王，恳请雅布王给她一些土地。雅布王也很同情这位美丽的公主，但是一旦涉及土地，便有些舍不得，于是他眼珠一转想到了一条妙计，既答应了公主，又要留住自己的颜面，又不会损失太多的土地。他给了狄多公主一块牛皮，说："你们用这块牛皮圈土地，我会把圈到的土地给你们的。"公主的随从们一听，都觉得这是在故意刁难他们，一张小小的牛皮能圈多大的土地？其实是不想给土地，大家都很生气。但是，狄多公主却没有生气，而是想了一下，便带领随从们拿着牛皮圈地去了。雅布王心下暗喜，心想这下不会损失太多的土地了。但是，不一会儿，仆人来报告："狄多公主在海边圈起了一大片土地，看上去已经有整个国家的三分之一大了。"雅布王一听大吃一惊，急忙赶去看是怎么回事，一看，果然如随从所说。雅布王一言既出，驷马难追，并且他也十分佩服狄多公主的智慧，便心甘情愿地给了狄多公主圈起来的土地。最后，狄多公主在那块土地上建立了牛皮城。

你能猜测出狄多公主是如何用一块牛皮圈起一大块土地的吗？

37. 问题呢子

在 20 世纪初期，一家呢子工厂在生产过程中，因为工人操作不当，生产出来的纯色呢子面料上出现了许多白色小斑点。

因为这批问题呢子面料数量相当大，因此对于这次生产事故，厂领导很重视，开了专门的会议对这件事进行研究。

在会议上，厂长表现得十分生气，可以说是大发雷霆，下面的人也都噤若寒蝉。不过，大家心里明白，在厂长震怒过后，如何处理这批问题呢子才是无可回避的问题。最后，一位一向富有想象力的年轻副厂长做了总结报告。他说道："各位，请恕我直言，追究责任并不是问题的关键，责任人反正也跑不掉，现在的问题是如何处理这批数量不小的问题呢子？关于此，我总结了一下，大致有三种办法：第一种，产品报废，然后追究当事人的责任。这种办法最简单，但损失巨大；第二种，则是对这批呢子设法补救，看能不能尽量减少损失。当然，具体的办法还要再研究讨论，不过我估计不太容易，并且最终呢子终究要降价销售；还有第三种，则是打破常规思路，想办法败中求胜。"

"败中求胜？"厂长意味深长地看着这位他一向很欣赏的年轻副厂长，"好了，我知道你已经有主意了，别卖关子了！"

于是副厂长便说出了自己的办法，大家一听都表示认同，而这种办法果真实现了败中求胜，不仅没有造成损失，反而提高了厂里的收益。

猜一下，副厂长的主意是什么呢？

第三章
转换思维名题

38. 把谁丢出去

20世纪末，一家英国的报纸为了提升自己报纸的知名度，曾经举行了一个高额的有奖征答活动：在未来的某一天，人类遭遇了大的灾难，眼看就要灭绝。而在一个热气球上，载着三个事关人类命运的科学家，前去拯救人类。但是，热气球由于充气不足，无法承受这个重量，眼看就要坠毁。而能扔的东西已经都扔掉了，下面再要减轻重量的话，只能是将科学家中的一个扔下去了。在这三个科学家中，一个是核武器专家，他有能力阻止全球性核战争的爆发；一位是环境专家，他可以消除现在已经严重的环境污染，给人类建造一个新的家园；还有一个则是粮食专家，他能够解决目前正陷入饥饿中的数十亿人口的吃饭问题。问题就是，在这个危急关头，究竟该把谁丢下去呢？这个题目的奖金高达10万英镑。

于是，全英国各地乃至其他国家的许多读者纷纷给该报社写信寄去自己的答案。其答案可以说是众说不一，有的人甚至写了长长的论文证明自己的答案的合理性。但是，最终赢得奖金的却是一个英国的10岁小男孩。

你猜他的答案是什么呢？

39. 牙膏促销创意

一家著名的生产牙膏的企业一连几个月销量无法按照预定的比例增长，销售总监十分头疼，采用了各种各样的促销手段，但因为牙膏行业竞争激烈，其效果都不明显。于是，销售总监放出去一个消息，只要谁能想出好的促销点子，奖励 10 万美元。

几个月过去了，虽然许多人都尝试提出建议，但这些建议要么是一些老掉牙的促销手段，要么虽然新颖却没有实际的效果，因此谁也没有拿到这笔数额不菲的奖金。一天，该企业一个基层的年轻员工声称自己有一个好的办法，并称只肯当着销售总监的面才肯说出。于是，销售总监便破例接待了他一次。销售总监看着这位其貌不扬但看上去却胸有成竹的年轻人说："年轻人，说说你的办法！"年轻人回答道："我的办法十分简单。"接着他便说出了自己的点子。销售总监一听，立刻兴奋地喊道："太棒了！"立马便让秘书兑现了 10 万美元的奖金。后来凭借这个点子，这个企业的牙膏销量果然蹭蹭蹭地往上涨。而这个年轻人也因此被该企业从生产部门调到销售策划部门担任重要职务。

猜一下，这个年轻人的促销点子是什么？

40. 狐狸的下场

狼和狐狸是好朋友，经常在一起捕食。一天，两位好朋友又一起外出打猎，很不巧地，它们遇上了凶猛饥饿的老虎。

怎么办？狡猾的狐狸眼珠一转，想出了一个馊主意。它回头对狼说："狼大哥，我原来跟它打过几次交道，还算有点交情，让我去求一下情吧，也许它能放过我们。"

狐狸满脸堆笑地走到老虎面前，压低声音道："老虎先生，如果我们两个联合起来对付你，很可能你不但吃不了我们，还会落个两败俱伤。所以，我看不如这样，咱们两个联合起来，我负责把狼引入一个陷阱里头，然后你吃掉狼，放掉我，怎么样？"

老虎想了想，点点头道："好，那你去引狼吧，如果你敢要花招，我会立刻把你给吃掉。"

就这样，在狐狸的引诱下，狼被困到了一个陷阱里面。但是这时候，藏在旁边的老虎却突然窜出来把狐狸给抓住了。

狐狸大惊："大王，我们不是说好了吗？再说，我对您可是忠心耿耿啊……"

你猜老虎怎么说？

41. 神圣河马称金币

很早以前，非洲大陆上生活着很多个部落，其中一个叫土也胡特的部落，以河马为图腾，视之为神物。而这个部落的酋长还专门养了一匹河马，对其精心照料。

不过，酋长也没有白养这匹河马，这匹河马对酋长有一个特殊的作用。每年在酋长生日这天，酋长和他的收税官都要用王室的船载着河马，沿河游览到收税站去。到了那里以后，当地的税官就要根据当地的习俗供奉给酋长金币，而称量金币时，正是让这匹河马站在一个巨大天秤的一端，另一端则放金币，直到金币的重量达到了河马的体重为止。

不过对于交税问题，百姓们十分头疼，因为他们发现自己要供奉给酋长的金币一年比一年多。这是为什么呢？原来酋长的河马因为被精心喂养，越来越膘肥体壮，每年体重都要增加许多。因此百姓们每次都要供奉比上年多许多的金币才能等同于河马的体重。

这一年，酋长又带着收税官前来收税了。可是，正在称量金币时，意外发生了。因为那匹河马经过一年后，体重又增加了许多，只见收税官不停地往站着河马的天秤的另一端放金币，金币已经放上去很多了，可是秤依旧偏向河马的那边。等又放上去一些金币的时候，称杆"啪"的一声折断了。这下麻烦了，要修好称杆，至少需要几天的时间。

过来收税的酋长一见到这种情况非常气愤，他告诉收税官："今天我要得到我的金币，而且必须是准确的数量。如果在日落前称不出金币，我就砍掉你的脑袋。"说完，酋长就怒气冲冲地走了。

可怜的收税官这时脑袋中一片空白，吓得几乎不能想问题。等他缓过神来，酋长早已走远了。这时，收税官强打起精神，苦苦思索起来。经过几个小时的思考后，他突然有了一个好主意。

你能猜出是什么主意吗？

42. 熬人的比赛

有个原始部落，虽然整个世界已经进入了现代，但这里的人凡事都做得很笨拙，甚至有些好笑，从下面这个故事便能看出来。

这个原始部落的首领有两个儿子，首领对他们都很喜欢。随着自己渐渐老去，首领想要在两个儿子中挑出一个人来接替自己的位子。但是，他迟迟拿不定主意究竟将位子传给谁。一天，首领想来想去，终于想到一个自以为高明的办法，那就是让两个儿子各自骑上一匹马，跑向一个地方。谁的马后到达，首领就将位子传给谁。于是，两个儿子依照规矩，各自骑上马出发了。两个人谁也不敢走得快一些，都想尽办法拖延时间，甚至走走退退。

如此一来，本来一天可以走完的路，两人走了三天，也都没有到达，首领及部落的人也都等得很不耐烦。

显然，这样的比赛方法，可能再过一个月，也不会有结果。看来这个原始部落的人的确笨得出奇。

那么，你作为一个现代的聪明人，假设你正好旅游到了此地，并在路上遇到了两兄弟，你能否给他们出个主意，在不违反首领的比赛规则的情况下，尽快结束这熬人的比赛？

43. 租房

沙窝村的老王一家三口准备搬到城里去住。可是城里的房子并不是那么好找，老王带着妻子和一个 5 岁的孩子跑了一天，腿都跑细了，可不是环境不好，就是房价太贵。直到傍晚，才好不容易看到一张高级公寓廉价出租的广告。他们赶紧跑去看了看，房子周围的环境出乎意料地令人满意。"如果能够将这套房子租下来就好了。"老王心里暗想。

于是，老王一家就前去敲门询问。房东出来了，他是个六十多岁的老人，看起来很和气，不动声色地对这三位客人从上到下地打量了一番。老王鼓起勇气问道："我看到了招租启事，请问是您这房屋出租吗？"

房东遗憾地说："是的，不过实在对不起，我的这栋公寓不找有孩子的住户入住。您还是到别的地方再看看吧！"

老王和妻子听了，感到很无奈。虽然跟房东商量了半天，但是看到房东没有让步的意思，觉得没有指望了。最后，他们只好默默地走了。

不过，他们那 5 岁的孩子可是把事情的经过从头至尾都看在了眼里。这孩子十分聪明，他跟着父母没有走出多远，就挣脱了父母的手，跑回去又去敲房东的大门，他想帮自己的父母租到这栋公寓。老王和妻子都不明白怎么回事，还以为孩子相中了这栋公寓，想要跟房东闹呢！

孩子已经敲响了房东的门。门开了，房东出来了。这个孩子就对这位房东说了几句话，房东一听，哑口无言，觉得这孩子说的话十分在理，让他无法反驳，又看孩子十分聪明伶俐，就决定把房子租给他们住。

你能猜到这个孩子跟房东说了什么，让房东改变了主意吗？

44. 驼子的爱情

大家都知道费烈克斯·门德尔松是德国著名的作曲家，即使在世界乐坛上，这位音乐天才也同样享有盛名。然而，关于他的祖父墨西·门德尔松的爱情故事，虽然无比有趣，然而却鲜为人知。

墨西·门德尔松的相貌极其平凡，身材则非常矮小，连中等都算不上，他鼻子格外的大，在他的那张脸上显得极不协调。这一切还都无所谓，最让人难以接受的是，他竟然是一个驼子。然而就是这样一个其貌不扬的驼子，却娶到了当时汉堡最美丽的一位姑娘！

事情是这样的：一天，墨西到汉堡去和一个商人谈生意。这个商人有一个心爱的女儿，名字叫弗西。弗西长得十分漂亮，在当时被人们称为汉堡最漂亮的姑娘。每天，到这位商人家里来求婚的小伙子络绎不绝，然而商人都以"小女年龄太小"为理由拒绝了。

墨西第一眼看到弗西，就深深地爱上了她。他知道自己已经被弗西的爱情之箭射中，所以就在心里面暗下决心：一定要娶弗西为妻。

在这位商人家里吃过午饭之后，墨西鼓起勇气，一个人来到弗西的房间，向这位美丽的姑娘表达了自己的爱意，并且希望能够娶她为妻。

然而，对于这位其貌不扬，甚至可以说无比丑陋的陌生男子的表白，弗西毫不犹豫地拒绝了。之后，无论墨西再怎么表白自己有多么发自内心地爱她，弗西都没再正眼看他一眼。墨西看到这种情形，只好伤心地离开了心爱的姑娘的房间。

在即将离开这里的时候，墨西决定再去试一次，因为他不甘心就这样和自己爱上的女子擦肩而过。正巧，他看到弗西一个人在花园里散步，就走了过去。

弗西看到这个丑八怪又过来了，就坐在花园的秋千上一言不发，也不去招呼他。墨西只好主动向前搭话，他问这位漂亮的富家小姐说："你相信天底下有缘分这种东西吗？"

弗西回答说："相信。"然后她出于礼貌，又反过来问墨西说："那么您相信吗，先生？"

墨西说："怎么会不相信呢？我相信一切美好的姻缘都是上天注定的。而且我还听说，在每一个男孩子出生之前，上帝就会告诉他，将来会娶哪一个女孩子做他的妻子。不管你信或不信，在我出生时，上帝就这样告诉过我，他已经为我定下了一位女孩做我的妻子，而且不瞒你说，上帝还透露给我，我的妻子将会是一个驼子。"

弗西听墨西一本正经地讲完，又看了看他的外貌，不由地脸上露出迷人的微笑。

墨西看到形势有所好转，心里感到非常高兴，于是他接着对这位千金小姐说："其实，你不知道，我本来并不是一个驼子，后来，因为一件事，我才变成了这个样子。"

弗西听了，好奇地问墨西："那您是怎么变成驼子的呢？"

听完墨西的一段胡编乱造的"谎话"，这位漂亮的小姐心动了，她的缕缕情丝开始在心头颤动，当墨西去牵她的手时，她并没有拒绝。就这样，这位相貌丑陋的驼子娶到了一位如花似玉的富家小姐。

想想看，墨西对弗西编的"谎话"是什么？为什么它会有那么大的魔力呢？

45. 萧伯纳与喀秋莎

萧伯纳是世界著名的大文豪、诺贝尔文学奖的获得者，出名之后，各地的邀请函如同雪片一般飞来，都是请他前去演讲的。

这一次，萧伯纳是到苏联来做演说。结束之后，满身轻松的他准备好好玩几天，没想到刚走进一个小公园，一个长相可爱的小姑娘便出现了。于是萧伯纳便和这个聪明的小女孩玩了起来，不知不觉，太阳已经快落山了。分手时，萧伯纳对小姑娘说："回去告诉你妈妈，今天和你一起玩的是世界著名的萧伯纳。"没想到小姑娘好像小大人一般，模仿他的口气说了一句话。

小姑娘的话顿时让萧伯纳又吃惊又羞愧，他突然意识到，自己刚才那句话其实包涵着一种不尊重对方的味道，自己是"世界著名的"，而这个叫喀秋莎的小姑娘只是一个再普通不过的小女孩，无形之中，他似乎暗示了自己比小姑娘"高出一等"，但是喀秋莎天真无邪的回话却重重地打击了萧伯纳的傲气。

后来的日子，这件事一直被萧伯纳铭记在心，无论何时何地，他都不忘以此为鉴，提醒自己要懂得尊重对方。

你猜小姑娘对萧伯纳说了一句什么话？

46. 石头的价值

一个人很普通，没有什么大作为，因此一直觉得活着没有什么意义。

一天，他向一位哲学家请教道："你能告诉我，像我这样的人，活着有什么意义吗？"

哲学家想了想，便随手拾起树底下的一块石头来，递给他说道："你把这块石头拿到市场上去卖，但是记住，无论别人出多少钱，你都不要卖。"

他这样做了，没想到的是，由于坚决不肯出售，人们反而认为他的石头里藏着什么秘密，因此价越出越高。

第二天，按照哲学家的意思，他又把石头拿到了玉石场来卖，结果，由于还是不肯出售，价格又是一路飙升，已经远远超过了石头本身的价值。

第三天，哲学家又告诉他到珠宝市场去卖这块石头。最终，奇迹出现了，这块本来一文不值的普通石头成了整个珠宝市场价格最高的商品，人们甚至以为它是千年不遇的珍奇化石。

"怎么会这样呢？"这人非常奇怪地问哲学家，"这明明是一块再普通不过的石头。"

你猜哲学家会如何回答？

47. 除杂草

一群即将出师的弟子正坐在草地上等老师出考题，只见老师挥手指了指四周说："我们的周围是一片杂草丛生的旷野，我想问大家的是：要除去这些杂草，用什么办法最好。"

弟子们一听考题如此简单，立刻眉开眼笑地各抒己见了。

"只要有恒心，用一把铲子就足够了。"一个学生说。老师点点头，没有说话。

"我觉得用火烧最好了，又快又干净。"又一个学生接着回答道。老师还是点点头，不说话。

"你们那些办法都不足以保证草完全被除掉，俗话说'斩草除根'，挖掉草根才是最好的办法。"

......

等弟子们静下来，一直没说话的老师开口了："你们都回去按自己的方法试试，明年的今天我们再在这里相聚讨论这个问题。"

一年后，弟子们都如约来到了这片庄稼地边——没错，原来的那片草地已经再无一棵杂草，取而代之的是满眼的庄稼。他们一边谈笑一边等着老师，可是不知为何，等了好久都不见老师，正在纳闷间，忽听大师兄指着那片庄稼道："我明白了，大家不必再等下去了，因为老师已经以这种方式告诉了我们答案！"

你明白了吗？除去杂草的最好办法是什么呢？

48. 淘金者

19 世纪初，美国开始了势不可挡的"西进运动"。这一运动，使美国的边疆从密西西比河不断向太平洋西岸推进，并促进了大批人从东部向西部涌动。1848 年，来到加利福尼亚的人们在这里发现了金矿，这立刻引起世界的轰动，并迅速引起了规模空前的淘金热，这对美国西部的开发产生了极大的刺激。当时的美国，是人人向往的天堂，一处发现金矿就有成千上万的人过去淘金。

发财的梦想一直驱动着人们前去淘金，淘金也成了冒险家眼中最快的致富手段。大家都希望通过这种方式一夜暴富，成为富翁。

愿望总是美好的。可是事情却往往不按照人们预期的那样发展。有的人能淘得到金，那是少部分幸运儿，多数人却没有淘到金。

一天，传来消息，某处又发现了金矿，许多淘金者纷纷前去。但是，在通向金矿的路上，有一条大河挡住了淘金者的去路。河水很凶猛，也很深。大家都很着急，如果过不去这条河他们就无法淘金了，就这样，这条河阻碍了他们的发财梦。面对滔滔的河水，很多人都退缩了，大部分人都叹气走开了。还有一部分人不甘心就这么回去，就妄想着游过去，只是河水太急，根本游不过去。还有的人想绕道走。但是有一个人的想法和大家不一样。这个人选择了自己的道路，结果发了大财。

你知道这个人为什么能发大财吗？

49. 潦草的解雇通知书

马克·吐温是美国非常著名的幽默大师、小说家，也是著名演说家，其作品向来透露出幽默、机智的风格。其实，不仅在作品中，马克·吐温在日常生活中也同样表现得十分机智和幽默。下面这个故事就是明证。

在没有成名前，马克·吐温只是一名报社的小雇员，这家报社叫《密苏里州报》。马克·吐温在那里工作的时候有着自己独特的思维方式和特立独行的性格特征。报社主编霍金斯·柯里利对这样性格的雇员很不满意，一气之下就亲手写了一封解雇信给马克·吐温。由于当时主编很生气，所以在写信的时候字迹很潦草，只有最后的亲笔签名比较清楚。

马克·吐温接到主编的解雇信以后，二话没说就离开了报社。数年之后，马克·吐温出版了自己的成名作《黄金时代》，从此以后，名声大起，成了美国一位伟大的作家。《密苏里州报》的主编霍金斯·柯里利在这个时候开始后悔当初不应该解雇马克·吐温，当时的一时气愤让他失去了一位好的员工，为此他一直想找个机会向马克·吐温当面道歉。

让他没想到的是，马克·吐温竟然主动回到了报社。他直接来到了主编的办公室，然后非常高兴地对主编说："霍金斯先生，我今天是特意来向您道谢的。"

"道谢？"霍金斯先生看到马克·吐温心里就感觉不安，更何况听到这位著名的大作家向他说道谢，他一脸疑惑地问："真的对不起，我一定给您造成了不小的伤害，我为自己当时的冲动向您道歉，从我这里走后，您还好吗？"

想不到的是，马克·吐温高兴地回答说："我好极了，当初多亏了您给我的那封推荐信，我才找到了一个比这里更好的工作。"

"推荐信？"霍金斯更加奇怪地说，"那是我亲手写的一封解雇您的通知书，怎么会变成推荐信了呢？"

那么，你知道这是怎么回事吗？

50. 触龙巧说皇太后

赵国惠文王突然去世了，惠文王的儿子孝成王继承了王位。但是孝成王那时还太小，根本不懂事，所以只能让他的母亲赵太后暂时掌权治理国家。因为领导人进行了更替，赵国国内一片混乱。

赵国的情况，引起了秦国的注意，他们认为进攻赵国的机会到了。于是秦国组织了大批的军力来疯狂进攻赵国。当时，秦国的实力是所有国家中最为强大的，凭借赵国一个国家的力量根本抵挡不住秦国的进攻。为了生存，赵国只好派使者向东边的齐国求救，希望齐国能派兵帮助赵国渡过难关。当时两个国家之间如果要结盟的话，通常都把诸侯王的儿子送到对方国家中做人质。果然齐王对赵国的使者说："要齐国出兵帮你们也可以，但是必须以赵太后的儿子长安君做人质。"

赵太后爱子心切，舍不得把长安君当作人质送到齐国，大臣们苦苦劝告赵太后："如果不答应齐国条件的话，赵国不久就要亡国了呀！"赵太后不但不听大臣们的劝告，还威胁他们说："以后谁要再敢提把长安君送到齐国当人质的话，我老太婆就向他脸上吐唾沫！"

大家听了赵太后的话，看着强大的秦军，都一筹莫展。

触龙听说了这个情况就过来求见赵太后，赵太后知道他是来劝告自己的，勉强答应了接见。

生死存亡的关头，只有把太后的亲生儿子长安君送到齐国去做人质，才能搬来救兵，解脱困难的处境。赵太后爱子心切，怎么也舍不得把儿子送入虎口，态度决绝，水泼不进。然而触龙一番体己的话，却使赵太后迅速转变了态度，从而也拯救了整个国家。

那么，到底触龙是如何说服赵太后的呢？

51. 保护花园

玛·迪美普莱是法国著名的女高音歌唱家，她有一个非常美丽的私家花园，花园里是她精心挑选的各色各样的鲜花、蘑菇、小草……这个花园非常漂亮。可是，每到周末，总会有一些人去她的园里采摘鲜花，捡拾蘑菇，有的还会搭起帐篷，在草地上野餐。原来漂亮整洁的花园被那些人践踏之后会变得又脏又乱。花园的管家曾经无数次地让人在园里四周围上篱笆，并且竖起"私人园林禁止入内"的牌子，但是这些做法都无济于事。花园依旧是经常被那些采花的人践踏，破坏。管家实在没有办法，只好向主人迪美普莱请示。

迪美普莱听完管家的汇报之后，没有说太多，只是让管家再去重新做一个木牌树立在各个路口，牌子上面写了一句话。管家按照主人的话去做了，之后，再也没有人闯进花园了。

那么请你设想一下，木牌子上究竟写的一句什么话，才能起到那么好的效果呢？

52. 张齐贤妙判财产纠纷案

张齐贤是宋代著名政治家，其人深有谋略，并多有奇计，被认为是一个奇才。

北宋立国之初，宋太祖赵匡胤西巡洛阳，张齐贤在洛阳街头拦住太祖的坐骑要求奉献治国之策。赵匡胤把他带回行宫，张齐贤指天画地，上策十条，皆是关系到国家统一和富国强兵的大计。宋太祖对于其中四条表示认可，但是张齐贤却坚持十条都很重要，最后竟然与赵匡胤争吵起来。赵匡胤无奈之下，叫卫士将其拉了出去，但心里很佩服这个人。赵匡胤回到开封后告诉其弟赵光义："我此次外出在洛阳遇到一个奇士，叫张齐贤。现在不给他官做，将来你可任他为相。"

宋太宗时期，张齐贤进士及第，开始为国效力，到宋真宗时，其已经官至兵部尚书，同中书门下平章事，相当于宰相。一次，皇亲国戚中有两兄弟因为家庭财产分割起了纠纷，都认为对方分的家产多了，于是打起了官司。地方官府的官员对于这两兄弟，谁也惹不起，不敢接这个案子。于是两兄弟干脆闹到了宋真宗这里。真宗也是清官难断家务事，对两兄弟调解了十多天，也没有效果，无奈之下来找张齐贤商量。张齐贤听了，便说道："这样的事御史台和开封府自然都比较难办，这样吧，陛下就把这事交给臣吧，臣亲自为他们了断。"

张齐贤审理此案当天，把诉讼双方叫来后问道："你们都认为对方分得的财产多于自己的，是这样吗？"

"是的。"两兄弟都点头。

"好，既然如此，你们就将各自的理由写成文字，签名画押。"收到两兄弟各自的字据后，张齐贤当场便宣布了他的判决结果。两兄弟一听，当场你看看我，我看看你，都无话可说。后来张齐贤将自己审判的结果告诉宋真宗后，宋真宗笑得前仰后合，连声称妙。

你猜，张齐贤是怎么判的案呢？

53. 巧换主仆

战国时期，一个公子和他聪明的仆人鸱夷子皮一起逃亡去燕国。主仆二人一路风餐露宿，披星戴月地赶了几个月的路，眼看就要到燕国了。但是，两人风尘仆仆的样子，一定会被客栈老板所冷落的，怎么办呢？忽然，鸱夷子皮想到了一个办法。

鸱夷子皮对公子说："我想到一个故事，不知你愿不愿意听？"

公子知道鸱夷子皮向来鬼点子就多，这次不知又想到了什么主意，就说："好，我愿意听，是什么故事，你快讲吧！"

鸱夷子皮笑着说："从前，在一条小河里住着很多蛇。有一年，天气非常干燥，小河里的水也快干枯了，蛇为了生存，不得不迁徙到远处的一条大河中去。一条大蛇和一条小蛇打算结伴而行，为了安全，临行前小蛇出了一个主意：让大蛇背着它走。因为如果大蛇在前面走，小蛇跟在后面的话，人们就会把它们看成是非常普通的蛇，肆无忌惮的伤害他们。但是，如果大蛇背着小蛇走，人们会认为小蛇很有权威，连大蛇都听命于它，甚至还会以为小蛇是水里的蛇王呢，这样人们非但不会伤害它们，还会主动给他们让路。大蛇觉得小蛇的主意有道理，它们就按照小蛇的办法做。结果，它们果然安全地抵达了目的地。这就是我要讲的故事了。"

公子听了，若有所思："你的意思是：你就是那条小蛇，而我就是那条大蛇？"

鸥夷子皮一拍大腿说道："就是这个道理！"接下来，他说出了自己的主意，公子一听，觉得可行，于是，两人按照鸥夷子皮的主意采取了一个举动。结果，主仆二人得到了人们的热烈欢迎。

你猜，鸥夷子皮的主意是什么呢？

54. 父亲的深意

很久以前，一位虚弱的富翁病倒了，他预感到自己就要死去了，但是唯一的儿子还在遥远的城市求学。

"看来，我是见不到儿子最后一面了。"富翁长叹一声，他叫来了贪婪的奴隶，写下了一封简短的遗书就去世了。

遗书上写着："我要把我所有财产都留给我的奴隶，但是我的儿子可以挑选一样他想要的东西。"

看到富翁留下的遗嘱，贪婪的奴隶高兴极了："没想到这个老头对我这么好，这下我可以成为自由人了，而且还是一个大富翁。好吧，就让他的儿子随便挑选吧，就算挑选一样最为珍贵的东西，那又算得了什么呢！"奴隶立即把富翁去世的消息通知了富翁的儿子。

儿子操办完父亲的葬礼，就来找父亲生前最知心的朋友拉比：

"父亲并不喜欢那个奴隶，但是他却把自己所有的财产都留给了奴隶，只让他心爱的儿子挑选一样东西，这到底是为什么呢？"拉比看完遗书，意味深长地说："你父亲让你挑选一样东西，真是用心良苦呀！"

你看出那位父亲的良苦用心了吗？

55. 最重要的动作

一个 10 岁的日本小男孩，在一场车祸中，不幸地丧失了左臂，但是小男孩并不打算放弃自己热爱的柔道，他下定决心，一定要学好柔道。

小男孩刻苦地训练，再加上天资聪颖，进步很快。但是令小男孩非常困惑的是：半年以来，教练只教过他一个动作，尽管这个动作难度比较大，但是小男孩已经练得非常熟练了。

一天，小男孩鼓起勇气问教练："老师，你能不能多教我几个招式？我想成为优秀的柔道选手。"

教练回答说："记住，孩子，这是你最重要也是唯一的动作，只要你努力练习，你会成为优秀的选手的。"

虽然小男孩对教练的话将信将疑，但是他不敢违背教练的要求，只好继续坚持不懈地练习，渐渐地，小男孩把这个最重要的动作练得炉火纯青了。

又过了几个月，教练带着小男孩参加了一个全国性的柔道比赛。令小男孩感到意外的是，他的前两个对手，根本不堪一击，接不了两招就败下阵去。

第三场，对手更为高大和强壮一些，但是他面对小男孩唯一的动作，似乎总是找不到破解的办法，渐渐地，他焦躁起来，被小男孩抓住机会，打败在地。

后来的比赛，小男孩打得非常顺利，他一路闯进了最后的决赛。

决赛的对手是著名的柔道选手，他身体强壮，技术高超，更为重要的是，他经验非常丰富。

决赛开始了，前几个回合，小男孩打得非常吃力，对手总能轻松躲过他那最重要的一个动作，渐渐地，小男孩开始体力不支了，他的动作明显缓慢下来。裁判觉得这样下去小男孩很容易受伤，应该让比赛暂停一会儿。但是教练坚决不同意，他大声说："不用暂停，他可以继续比赛。"

比赛继续进行，对手似乎着急起来，他总是下意识地去抓小男孩的左臂，当然他不可能抓到小男孩的左臂，当他再一次试图去抓小男孩的左臂时，小男孩趁机用他唯一的一个动作把对手踢下擂台，小男孩赢得了这场比赛，他成了全国冠军！

回去的路上，小男孩忍不住又问教练："老师，你为什么只教我一个动作，而我怎么凭借一个动作就赢得了冠军呢？"

你知道是怎么回事吗？

第四章
形象思维名题

56. "动者恒动"定律

伽利略曾做过这样一个实验，使一个小玻璃球在两个并列的斜面上滚动，小球会呈抛物线的路径滚下，当它从第一个斜面上滚到第二个斜面上的时候，水平位置会降低。观察到这个现象之后，伽利略用已有的力学知识断定这是由斜面和小球之间的摩擦力造成的。这时，他给自己提出了这样一个假设：如果小球和斜面之间没有摩擦力会产生什么结果？

伽利略有办法证明自己的假设吗？

57. "东来顺"的设想

北京"东来顺"涮羊肉是非常著名的老字号小吃，最初是一家小羊肉馆，从 1914 年正式挂牌经营涮羊肉以来，至今已有一百多年历史。

"东来顺"的创始人丁德山是一个追求完美、精益求精的人。当他的羊肉馆有了一定规模之后，就不满足"买进原料卖出成品"这种传统经营方式了。他设想了一整套全新的经营模式：要有自己的牧场和羊群，为"东来顺"提供优质羊肉；还要有自己的加工作坊，为"东来顺"提供涮羊肉的各种调味料；还要有自己的酱园，为"东来顺"提供风味独特的酱油；甚至还要有自己的铜铺，为"东来顺"生产适合涮羊肉的火锅。这种想法在那个时代是非常新颖而且大胆的。

丁德山的设想能实现吗？

58. 南茜的妙想

当今时代以瘦为美，无论是胖的还是不胖的女人都在忙着减肥。肥胖的女人在买衣服的时候都不愿意对售货员说"我要大号的"，"我要特大号的"。如果不识相的售货员向她们推荐大号或特大号的服装也会引起她们的反感。美国的一位女企业家南茜运用取代想象为肥胖的女性着想，想到了一个避免尴尬的办法。

她想到的是什么办法呢？

59. 女佣的简单方法

美国哲学家、诗人爱默生有这样一件趣事：有一天，他和儿子想把一头放养在牧场上的小牛犊赶回牛栏。他们好不容易把小牛犊赶到牛栏旁边。但是任凭爱默生在后面如何使劲推，他的儿子在前面用力拉，小牛犊就是死死地抵住地面，不向前迈一步。父子俩急得满头大汗，还是奈何不了它。

这时，他们家的女佣出来看到了这个情景，笑了起来。

她有什么好办法吗？

60. 日光灯的发明

如今电灯让我们的夜间生活变得丰富多彩，但是普通的灯泡只能将一小部分电能转换为可见光，大部分都以热能的形式浪费掉了，而且电灯发出的热射线对眼睛有害。于是人们试图寻找只发光不发热的光源。当人们向大自然求助的时候，发现许多生物都能发光，如细菌、真菌、蠕虫、软体动物、甲壳动物、昆虫和鱼类等，而且这些动物发出的光都不产生热，所以又被称为"冷光"。

在众多的发光动物中，萤火虫发出冷光不仅具有很高的发光效率，而且发出的冷光一般都很柔和，很适合人类的眼睛，光的强度也比较高……科学家是怎样将萤火虫的发光原理应用到日常照明中的呢？

61. 成功学大师的形象思维

成功学大师陈安之有过这样一次经历：他想买一辆汽车——奔驰 S320，但是当时根本买不起。于是，他把那辆汽车的图片贴在书桌前面，后来觉得这辆车有点贵，就换成了奔驰 E230。

要想实现目标必须付出行动，为了得到自己想要的汽车，他努力工作，几个月之后，他的收入大增。当他挣到足够多的钱的时候，就决定去买汽车了。在购买的前一天，他碰巧看到了他的学生，得知他们也要买汽车——奔驰 E800。陈安之觉得自己不能输给学生，临时决定买奔驰 S320。这个戏剧性的变化，竟然使他实现了最初的目标。

陈安之的老师安东尼·罗宾的经历更加神奇。你知道他是怎样运用形象思维成就梦想的吗？

62. 被赐福的球棒

欧雷里拥有一支优秀的棒球队，选手们都有过卓越的比赛记录，人们都认为这是一支最具潜力的冠军队伍。

但是在一次比赛中，他们表现得很糟糕，接连输了 7 场比赛，队员的情绪非常低落。欧雷里仔细分析了情况之后，认为问题的关键不是技术的问题，而是队员普遍缺乏自信，没有必胜的信心，消极的态度使他们的水平受到了限制。

欧雷里听说一位著名的牧师正在附近布道演讲。很多人相信他拥有神奇的能量，当地人纷纷前去等待他赐福。欧雷里想出了一个绝妙的办法，你知道是什么吗？

63. 厂长的联想

改革开放初期，报纸上报道了这样一条消息：国务院已同意各地开设营业性舞厅。上海某家幻灯仪器厂的厂长正在为拓展市场发愁，看到这则消息之后，他展开了联想。

他想到了什么？

64. 贝尔发明电话

"电话之父"贝尔做过这样一个实验，相连的两个带铁芯的线圈前面分别放一个音叉，当一个音叉振动的时候，就会使线圈产生电流，导致另一个音叉也振动，并发出同第一个线圈一样的声音。由此他联想到如果把音叉换成金属簧片，说话的声音引起金属簧片的振动，另一端金属簧片的振动又会转化成声音，这样不就可以通话了吗？

真的是这样吗？

65. 充气轮胎的发明

苏联心理学家哥洛万斯和斯塔林茨，发现任何两个概念或词语都可以经过四五次联想，建立起联系。比如桌子和青蛙，似乎是两个风马牛不相及的概念，但可以通过联想作媒介，使它们发生联系：桌子——木头——森林——水塘——青蛙。又如书和小麦，书——知识——精神食粮——粮食——小麦。每个概念可以同将近10个概念发生直接的联想关系，那么第一步就有10次联想机会，你可以从10个词语中选择一个接近目标对象的词语，第二步就有100次机会，第三步就有1000次机会，第四步就有10000次机会，第五步就有100000次机会。因此联想为我们的思维提供了无限广阔的空间，经过五次联想之后，你就能把两件事物联系起来了。

将两个看似毫不相干的事物联系起来之后，总能给你带来意想不到的点子。比如自行车充气轮胎就是运用联想思考发明的。

你知道是怎么回事吗？

66. 利伯的设想

精神病学专家利伯，有一次在海边度假的时候，看到了涨潮的现象，海水波涛滚滚涌向岸边，没多久又悄然退去。他知道这是月球引力的作用，每到农历初一、十五就会有大潮涨落。由此他联想到：每到月圆之夜，新入院的精神病人会增加，精神病院里的病人会变得情绪激动，病情加重。

真的是这样吗，月球的引力会不会对病情有所影响呢？

67. 番茄酱广告

有这样一则获奖的广告作品：夜里一个男人正在黑暗的卧室里看枪战片，电影情节非常刺激，他看得非常着迷。突然间一声枪响，电影结束了。再看那个男人，他躺倒在床上，胸前有一摊血……观众看到这里会纳闷，怎么回事？那个男人遭到袭击了吗？你知道是怎么回事吗？

68. 费米发现核能

1934年后，意大利物理学家费米，用中子轰击铀，发现了一系列半衰期不同的同位素。1938年下半年，一位德国化学家用中子轰击铀时，发现铀受到中子轰击后得到的主要产物是钡，其质量约为铀原子的一半。1939年初，一位瑞典物理学家阐明了铀原子核的裂变现象。

由于铀-235 裂变后会释放出大量的能量和中子，你知道费米由此联想到什么吗？

69. 引狼入室

在澳大利亚有一个引狼入室的故事。澳大利亚草原上经常有狼群出没，吃了不少牧民的羊，使牧民受到很大的损失。牧民们于是向政府求救，政府为了牧民的利益派军队将狼群赶尽杀绝。没有了狼的威胁，羊群的数量不断增加，牧民们非常高兴。可是，几年之后，羊的数量开始锐减。羊群变得体弱多病，而且繁殖能力也大大下降，羊毛的质量也大不如从前。

牧民们只好再请政府帮忙。这一次，政府会怎么做呢？

70. 蔡伦造纸

在京城洛阳的皇宫里当宦官的蔡伦，当时主管宫中用的各种器物的制造，同时还担任中常侍（侍从皇帝的官员）一职。蔡伦看到皇帝每天要批阅堆积如山的简牍，非常不方便，他就琢磨着要制作出一种既轻便好用，价格又低廉的书写材料，来取代笨重的简牍。从此，蔡伦就时时处处留意，脑子里一直想着这个问题。

有一天，蔡伦闲来无事，就带着几个小太监来到城外游玩。这是一个十分幽静的山谷，一条小溪从山谷中缓缓流过，溪边长着各种各样的树木和花草，景色十分漂亮。

小太监们一路打打闹闹，嘻嘻哈哈，好不快活。只有蔡伦一副心事重重的样子，一路上不住地东张西望，好像在寻找着什么。

忽然，蔡伦眼前一亮，只见他快步走到小溪边，蹲下身去一动不动了。

"蔡大人在干什么呢？"小太监们觉得非常奇怪，都停止打闹围了过来。只见蔡伦手里捧着一堆湿湿漉漉、破破烂烂、像棉絮一样薄薄的东西发呆。

这时，一位农夫扛着锄头走了过来。蔡伦见了，双手捧着那团东西，三步并作两步走上前去问道："老人家，您知道这是什么东西吗？"

农夫看了看，笑着回答说："这个呀，是漂在小溪里的树皮、烂麻布、破渔网什么的，它们被水冲呀、泡呀，又被太阳晒，时间长了就成了这个模样。你看，这小溪里漂的到处都是呢！"

这个东西对蔡伦真的会有帮助吗？

71. 毕达哥拉斯定理的发现

有一次，毕达哥拉斯到一位朋友家做客。这天来了很多客人，其他客人们都在滔滔不绝地高谈阔论，而毕达哥拉斯却一个人安静地躲在墙角，低着头不说一句话，好像在思考着什么。

原来，他是在观察朋友家用花砖铺砌的地面：一块块等腰直角三角形花砖，有黑的，也有白的，交替着铺成了一个美观大方的方格图案。而在这美丽的方格中，似乎有一种模糊不清的规律在他面前时隐时现。

毕达哥拉斯想着，看着，不知不觉地用手指头在花砖上画起图形来。

他究竟发现了什么？

72. 瓦特改良蒸汽机

在瓦特还是少年的时候，有一次，瓦特的妈妈带他到外婆家玩。外婆见到小瓦特来了，十分高兴，连忙打了一壶水放在灶上，为他们烧开水喝。十几分钟过去了，水开始沸腾起来。这时，水壶的盖子被水蒸气顶了起来，不停地往上跳，还发出"啪啪啪"的声音。瓦特听到声音，急忙跑过去看发生了什么事。他的两只眼睛直愣愣地盯着水壶观察了好半天，感到很奇怪，不明白这是怎么回事，就问外婆说："外婆，壶盖为什么会跳动呢？"

外婆微笑着回答说："傻孩子，这有什么好奇怪的，水开了都是这样啊！"

可是瓦特并不满意外婆的回答，又追问起来："为什么水开了壶盖就会跳动啊？是什么东西在推动它吗？"

可能是外婆太忙了，没有工夫搭理他，便不耐烦地说："不知道。小孩子问那么多干什么？"

瓦特在外婆那里不但没有找到答案，反而受到了批评，心里很不舒服，可是他并没有灰心，他决心一定要弄清楚到底是怎么回事。

回到家后，连续几天，每当妈妈用壶烧水时，瓦特就蹲在火炉旁边细心地观察着。刚开始，壶盖安安静静地一动不动，过了一会儿，水快烧开的时候，水壶就开始发出"哗哗"的响声。瓦特心里开始紧张起来，他两眼一眨不眨地盯着水壶看。

突然，瓦特看到，壶里的水蒸气冒了出来，推动壶盖往上跳动。水蒸气不住地往上冒，壶盖也一个劲地往上跳，好像里边藏着个魔术师，在变戏法似的。瓦特高兴极了，他兴奋得几乎叫出了声来。他把壶盖揭开再盖上，盖上又揭开，反复进行验证。他还把杯子罩在水蒸气喷出的地方看水蒸气喷出的情况，一会儿又在数杯子上蒸气凝结成的水滴。瓦特终于弄清楚了……

你知道瓦特弄清楚了什么吗？

73. 哈格里夫斯发明珍妮纺纱机

在 18 世纪以前，人们都是用手工纺车来纺纱的。这种纺车一次只能纺出 1 根纱，生产效率很低。1733 年，约翰·凯伊发明了飞梭，使织布的速度提高了两倍，棉纱更加供不应求。

为了解决这个矛盾，英国皇家艺术学会于 1761 年公开宣布：谁要是能发明一种新型纺纱机，一次纺出 6 根毛线、亚麻线、大麻线或棉线，而且只需一个人开机器或看机器，谁就能得到重奖。可是两年过去了，仍然没有人将这笔奖金领走。

当时，英国兰开夏郡有个叫哈格里夫斯的纺织工，他的家里很穷。为了增加家庭收入，他的妻子珍妮每天坐在纺车前忙个不停。因为纺车上只能放 1 个纱锭，她每天起早贪黑地干活，也只能纺出 1 锭棉纱。

看着妻子由于日夜不停地劳作而消瘦下去，哈格里夫斯非常心疼。他决心发明一种高效率的纺纱机，使妻子能轻松一点。萌生这个念头以后，他每天都在想着这个问题。

1764 年的一天，哈格里夫斯很晚才回家，而珍妮还没有休息，仍坐在纺车前纺纱。也许是因为太累了，他开门后不小心一脚踢翻了纺车。他赶紧弯下腰，想把纺车扶起来，这时他突然愣住了。

"珍妮，你快看！"哈格里夫斯惊喜地叫起来。

"看什么？"妻子有点莫名其妙。

"原来平放着的纱锭现在变成直立的了，可是它仍然转得那么快！"哈格里夫斯解释道。

"那又怎么了？"妻子还是不太明白。

你明白怎么了吗？

74. 蜘蛛的启示

法布尔是 19 世纪末法国著名昆虫学家。他从小就喜欢和各种小昆虫打交道，在他的眼中，那些小家伙们是那么可爱，那么有趣，跟它们在一起真是有不尽的乐趣。

出于研究的需要，法布尔饲养了 6 种园蛛。他发现，只有条纹蜘蛛和丝光蜘蛛经常停留在网中央，不管外面的太阳多么毒辣，它们也决不会轻易离开蛛网去阴凉的地方歇一会儿。而其他的蜘蛛在结好网后就把网往那一张，自己却跑到一个隐蔽的场所躲了起来，直到晚上才出来。

然而，令法布尔感到奇怪的是，虽然那些蜘蛛并不停留在网上，但是只要网上一有动静，比如当一些蜻蜓或蚂蚱不小心碰到网被粘住的时候，躲在暗处的蜘蛛就会像闪电一样马上赶到，将猎物用丝网死死地缠住。

它们是怎么知道网上有了猎物的呢？

75. 贾德森发明拉链

19世纪时，人们穿的衣服和许多皮靴及鞋子都要用纽扣扣牢。有的外衣背面或皮靴的边沿有几十个纽扣，扣起来非常费事而且浪费时间。

能不能想个简单点的方法呢？这个问题让发明家伤透了脑筋，很长时间过去了，人们仍然没有得到满意的结果。

有一次，一位叫惠特康布·贾德森的美国人到铁匠铺买饭勺。他发现铁匠铺的饭勺放得很整齐，而且非常巧妙：在一根水平放置的细铁杆上，上下吊着两排饭勺，上面的饭勺用细铁杆直接穿过勺柄孔，下面的勺柄朝下，通过勺头与上面的勺头紧紧地咬合在一起。

"真是太奇妙了！这样，下面的饭勺就掉不下来了。"贾德森看着看着就入了迷，把买饭勺的事忘了个一干二净。

他联想到什么了？

76. 祖冲之测算圆周率

一天深夜，祖冲之躺在床上翻来覆去睡不着觉，就披上外衣坐起来看书。他翻阅着刘徽给《九章算术》作的注解，不禁被他高度的抽象概括力和"割圆术"精巧的计算方法所折服，不住地点头称赞。他看着刘徽计算出的圆周率数值，陷入了沉思："能不能把圆周率的精确度再提高一步呢？"

第二天一大早，祖冲之就蹲在地上画起了圆圈。原来，他还在想着计算圆周率的事情。突然，祖冲之兴奋地喊道："有了！有办法了！"

祖冲之的办法是什么呢？

77. 善于联想的企业家

一位善于运用相关联想的企业家同时了解到了以下四件事：

重庆万州食品厂积压了大批罐头食品；四川航空公司由于缺乏资金，没有属于自己的飞机；俄罗斯古比雪夫飞机制造厂生产的大批飞机滞销；俄罗斯轻工业发展缓慢，基本生活用品供不应求。

企业家发现这四件事之间有相关性，可以联系起来。

他是怎么做的呢？

78. 杜朗多先生的"陪衬人"

左拉的小说《陪衬人》中描写了一个杜朗多先生的故事。杜朗多先生是个经纪人，对美学一窍不通。有一天，他居然贴出广告，声称专为小姐和夫人们开设一个"陪衬人代办所"。

他有什么目的呢？

第五章
迂回思维名题

79. 特洛伊木马

很久以前，遥远的希腊半岛上有很多城市国家。爱琴海东岸有一个美丽的城市，名字叫特洛伊。特洛伊城里有一个非常英俊的王子，他叫帕里斯。

一次，帕里斯到爱琴海对面的希腊游玩，来到斯巴达王国。他拜见了斯巴达国王墨涅拉俄斯和王后海伦。海伦长得非常美丽，帕里斯被她深深地迷住了。回国时，帕里斯偷偷地把海伦带回了特洛伊。

斯巴达国王墨涅拉俄斯回来后，发现美丽的王后海伦和帕里斯逃走了，非常气愤。他召集了希腊半岛上所有的国王，组成了庞大的希腊联军，浩浩荡荡地去攻打特洛伊城。

特洛伊城周围有坚固的城墙，城里所有的男青年都参加了军队，对抗希腊联军。所以，战争一直持续了整整十年，还没有分出胜负。希腊联军的战士们开始思念故乡的亲人了，不愿意继续战斗了。希腊联军的统帅阿伽门农看到这种情况，一筹莫展，这时候聪明的奥德修斯给阿伽门农献上了一条计策……

一天清晨，特洛伊人发现城外的希腊军队一夜之间消失得无影无踪。于是他们欢呼着奔出城门，载歌载舞庆祝着胜利。这时候，人们发现海滩上矗立一匹巨大的木马，都感到非常惊奇。忽然，有人大叫："抓住了一个希腊奸细！"大家把奸细带到特洛伊国王面前。奸细说："木马是希腊人用来祭祀女神的。特洛伊人如果毁掉它，就会引起天神的愤怒。但如果把木马拉进城里，就会给特洛伊人带来神的赐福。"特洛伊人信以为真，高兴地把木马带回了城里。这一天，全城的人们杀猪宰羊庆祝胜利，一直狂欢到深夜。

真的这么简单吗？当然不是，否则就不会有"小心希腊人的礼物"的俗语了。你能说出"希腊人的礼物"背后的玄机吗？

80. 三夫争妻

乾隆二十八年，宋通判被皇上派遣到温州任知府，哪知他才上任就遇到了一件非常难办的案子：三个男人共同争夺一个姑娘。

案子的审理马上开始了，此时公堂前跪着一位非常漂亮的姑娘，她的身后是三个男人，一个是英俊帅气的青年人，一个是身材有点臃肿的商人，还有一个是个子矮小的瘦青年，这是一位小财主，在另外一侧跪着的则是姑娘的母亲。

经过调查，通判了解了事情的来龙去脉：原来跪着的这位女子叫小娇，是本县县民刘某的女儿。刘某与武官陈某曾经是多年的好朋友，陈某有个儿子名叫大通，两位父亲在儿女很小的时候就给他们订下了娃娃亲。

几年以后，陈武官带着儿子返回了老家，从此以后音讯全无。刘某不久因病去世，等小娇长到了18岁，母亲就把她许配给了一位商人，商人送完聘礼后外出经商了，一去就是两三年，在这期间音讯全无。

母亲看着女儿一天天长大但是一直没有嫁出去，非常着急，就又把女儿许配给了同县的一个小财主。在小财主很是高兴地准备迎娶小娇的时候，商人竟然回来了，并派人前去刘家确定婚期。事情凑巧的是：好多年没有音讯的武官的儿子陈某也备好了聘礼在这个时候赶来了。

就这样，三家为了小娇而一起来到了公堂上。宋通判琢磨了好久却一直想不出来一个比较好的解决问题的办法，于是就请来了好朋友范西屏前来帮忙。

范西屏对他说了一句话："你听说过玲珑棋局其实就是死而后生吗？"一句话点醒了宋通判，他把所有的人都叫来，重新开堂审理此案。

宋通判对小娇说："人长得漂亮，怪不得这么多人争着要。你一个人不能同时嫁给三个男人吧？同时接受了三家的聘礼，本官又不能偏袒某一个人，所以我看这三个人中间，还是得由你自己选择好了。"

小娇是个害羞的姑娘，还没出嫁怎么能自己选夫婿呢？在外人看来是会被笑话的，就算别人不笑话，其余的两个男人也不会轻易就饶了她，所以她非常为难地对通判说："我宁愿去死！"

通判装作同情地说："看来也只能这样了，只有你死了，才能平息这场官司！来人，快去拿毒酒来！"差役按照通判的吩咐拿来了一杯毒酒，小娇接过来一口气喝了下去，不一会儿就躺在了公堂前面。差役上来对通判报告说："大人，她已经死了。"

宋通判对小财主说："好了，你现在可以把她的尸体领回去了。"

小财主很不乐意地说："我的轿子怎么能装个死人回去呢？既然她以前有过婚约，那么我还是成全他们吧！"那商人同样撇了撇嘴说不愿带着一个尸体回家。

这个时候，只有陈武官的儿子大通含着泪对通判叩谢说："谢谢大人，小人一定遵循先父安排，娶小娇为妻。即使她死了，我也不会背弃夫妻情义，我愿意领她回去，然后按照妻子的礼节好好安葬她。"

就这样，大通把小娇背回了自己的家里，但是想不到的是，过了没多久，小娇竟然又醒了。于是他们就很快结了婚，然后非常幸福地生活在一起。

你知道宋判官是如何运用范西屏所说的那个高招的吗？

81. 诸葛亮出师

据说诸葛亮小时候就聪明过人，家乡的私塾先生们都被他的聪慧所折服，纷纷表示自己的学问不足以做诸葛亮的老师。所以，诸葛亮的父亲还为给他找老师发过愁呢！

后来，听说水镜先生是个博学之士，学问无人能比，父亲就带着诸葛亮到水镜庄拜师。水镜先生早就听说过诸葛亮的名声，这次见了，果然是一副聪明伶俐的样子，就收下了他。没过多久，诸葛亮就在众多学生中脱颖而出，成为水镜先生的得意弟子。

寒来暑往，转眼三年就过去了，在水镜先生的悉心调教下，诸葛亮更加博学多才了。一天，先生对学生们说："你们都已经学习三年了，现在我出一道题：谁能在中午之前想出办法，经我同意，走出水镜庄，谁就算出师了。"

想骗过水镜先生，可不是一件容易的事情。学生们都抓耳挠腮地思考起来。

不一会儿，一个学生大喊起来："不好了，先生，邻居家着火了，我要出去救火了。"先生微笑着摇摇头。

又有一个学生说："先生，家里给我捎来一封书信，说我老母亲已经病入膏肓，临死之前，只想再见我一面，恳请先生放我出庄！"说着，他真的放声大哭。先生皱皱眉头，仍然没有点头。

另外一个学生说："先生的题目太难了，我要到外面的树林里去呼吸一下新鲜空气，清醒一下大脑，再好好思考先生的题目。"这次，先生连眼皮也没抬。

……

眼看就要到中午了，大家想出的借口都被先生否决了。这时候，诸葛亮灵机一动，怒气冲冲地跑到屋里……

你知道诸葛亮想出什么办法了吗？

82. 别具匠心

宋湘是清朝著名的诗人和书法家，据说嘉庆皇帝曾封他为"广州第一才子"。有一个他写"心"字故意少写一个点，却挽救了一个小店的故事，被当时的人们传为佳话。

那是一个穷苦的夫妇开的一个小饭店。小饭店开在人来人往的路边，夫妻俩待客热情周到，饭菜也做得香甜可口，按理说小店应该生意兴隆才对，但是因为无力置办像样的店面，小店显得过于简陋，所以很难引人注意，客人寥寥无几，生意冷冷清清。夫妻俩也只能愁眉相对，没有好的办法。

一天，宋湘路过此地，感觉饥饿难耐，看到路边的小店，虽然店面简陋，倒也干净朴素，就进店来用餐。没想到，小饭店饭菜居然非常可口，宋湘不知不觉就吃得杯盘狼藉，吃完后还满口余香。但是，从进店到吃饱饭，正是午餐的好时候，小店居然没进来一个客人，这与店里可口的饭菜是不相称的呀。

宋湘很奇怪，就问两夫妻："你们如此好的手艺，怎么招不来客人呢？"

夫妻俩回答道："实在是小店太过简陋，客人见了，根本不进小店，所以我们夫妇的手艺还只是'养在深闺人不知'啊。"话语中透出些许的无奈。

宋湘听了点点头，他沉吟了片刻，说道："这样吧，我给你们写副对子，或许能对你们有所帮助。"夫妻俩虽然不知眼前的客人是何方神圣，但是他是出于一片好意倒是真的，于是赶紧端上了文房四宝。

宋湘提笔，一挥而就，只见上联是：一条大路通南北，下联是：两窗小店卖东西，横批是：上等点心。

对联上的字写得是铁画银钩，龙飞凤舞。小店的夫妻见客人的字写得如此漂亮，赶忙请教尊姓大名。听说眼前的客人就是鼎鼎大名的才子宋湘后，夫妻俩手足无措，简直不知说什么好了，宋湘笑了笑，就告辞走了。

宋湘的对联真的有帮助吗？

83. 毛姆的广告

毛姆是英国著名的小说家和戏剧家，他的作品深受人们的欢迎，不仅小说一再脱销，他的戏剧作品也为人们所称道。曾经有一段时间，他的四部戏剧作品同时在伦敦上演，一时传为佳话。但是，像许多伟大的作家一样，毛姆在成名前也过着穷困潦倒的生活，他的作品也无人问津。

有一次，毛姆饿着肚子写完一部很有价值的小说，但是出版以后却根本没人买。毛姆连买面包的钱都没有了，他不得不厚着脸皮来到一家报纸的广告部，找到主任后，结结巴巴地说："先生，我想推销我的小说，想来想去只能在报纸上登广告了，你可不可以帮我在各大报纸上登个广告。"

"什么？各大报纸！"广告部主任吃惊地瞪大了眼睛："亲爱的毛姆先生，你现在真是财大气粗啊，你知道要多少钱吗？"

"其实，我现在还正在挨饿呢，我连一英镑的钱都没有。"毛姆惭愧地说："但是先生，广告刊登后，我的小说一定会销售一空的，到时候我给你双倍的广告费。"

面对广告部主任哭笑不得的表情，毛姆递上了自己的广告词。广告部主任飞快地看了看，猛地一拍桌子，兴奋地说："真是一个绝妙的广告！可以试一试。"

到底是什么绝妙的广告呢？

84. 孔子穿珠

一次，孔子出门旅行，在路上遇到了几个流氓。流氓听说孔子是一个知识渊博，很有名望的人，就故意为难他："这里有一颗珍珠，上面有一个珠孔，如果你能用线把珍珠串起来，我们就放了你。如果你不能办到，说明你是一个浪得虚名，没有什么真才实学的人，你就得把身上的财物全都交出来！"

真是秀才遇到兵，有理也说不清。没有办法，孔子只好拿过珍珠看了起来，但是，珠孔是弯曲的，他试了几次都没有成功地把线穿过去。

"哈哈！这个珠孔有九道弯，你这样做是没用的，大学者！还是抓紧把财物交出来吧！"流氓们开始起哄。

孔子没有理睬流氓们的讥笑，而是开动脑筋仔细想了起来：妇女心细，也许这种事让她们来做，更容易一些。

于是，孔子拿着珍珠来到附近的一位采桑的妇女身边，谦虚地说道："大嫂，我手拙，您能不能帮我把珍珠串起来呢？"

采桑的妇女拿过珍珠，仔细看了看，笑着说："噢，这很简单，记住'密尔思之，思之密尔'，你也能做到的。"

"密尔思之，思之密尔"能帮上孔子的忙吗？

85. 别具一格的说服

在第二次世界大战爆发前夕，希特勒开始疯狂地在国内推行法西斯主义，并积极准备对外发动战争。为增强军事实力，1939年初，希特勒开始组织科学家研制原子弹。这时，包括爱因斯坦在内的一批流亡美国的科学家得知这个消息，因为深知原子弹的可怕威力，无不忧心忡忡，如果纳粹抢先研制出原子弹，那么，人类将面临史无前例的核灾难。

他们经过一番考虑，认为阻止这场灾难的唯一办法，就是反法西斯国家抢在德国前，制造出原子弹。为此，爱因斯坦等人到处奔走，呼吁美国尽快开始研制原子弹。但是，美军高层却难以理解这个新式武器，并不重视科学家们的呼吁。

最后，没有办法的科学家们准备绕开军方，直接向美国总统罗斯福递交联名信。为了保证能够说服罗斯福，科学家们最后商定由既懂得核理论又是罗斯福密友的科学家萨克斯出面。

于是，深感责任重大的萨克斯丝毫不敢怠慢，经过一番精心的准备后才去找罗斯福。他先是将爱因斯坦等人的联名信递交给罗斯福，然后，他开始严肃地对罗斯福详细讲解有关原子弹的巨大威力和有关原理。

但是，因为有关理论过于艰深晦涩，对于萨克斯的严密理论讲解和慷慨陈词的说服，罗斯福听了半个小时便哈欠连天。最后，等萨克斯终于说完之后，一脸疲惫的罗斯福有些无奈地摆摆手说道："你说的东西听起来似乎很有趣，不过，我认为政府现在就干预此事，为时过早。"

罗斯福给萨克斯兜头一盆冷水，使得他不得不沮丧地离开。不过就在萨克斯要离开时，罗斯福为了表示自己对于这位多年老友的歉意，表示明天要请萨克斯在白宫共进早餐。

于是，萨克斯怀着复杂的心情离开了白宫，他对自己今天无功而返感到有些沮丧的同时，又因为明天还有机会和罗斯福见面进而说服他而兴奋。于是，萨克斯回到自己的住处，开始总结自己失败的原因。

他发现，自己今天之所以失败，原因在于总统对于物理一窍不通，跟他讲看不见、摸不着的核技术，无异于对牛弹琴，因此必须换个思路。为了寻找说服罗斯福的办法，萨克斯苦思冥想了大半夜，最终他想到了一个思路，并且在第二天早上，正是按照这个思路，他很快便说服罗斯福听从了他的安排，开始组织科学家着手研制，赶在德国之前研制出了原子弹。应该说，萨克斯的成功说服可以说是改变了历史，挽救了世界。

那么，想象一下，假设你是萨克斯，你会如何去说服罗斯福呢？

86. 巧妙的劝阻

　　第二次世界大战期间，英美盟军决定在 1944 年 6 月渡过英吉利海峡，在法国的诺曼底登陆，展开对法西斯德国的全面反攻。经过商定后，进攻的日子定在 6 月 6 号。而就在这前一天，英国首相丘吉尔突发奇想，认为诺曼底登陆这一天必将具有重要的历史意义，因此如果能够要求英国国王和自己一起乘坐舰艇，随同部队一起渡过英吉利海峡，亲眼目睹这一历史瞬间，将是难得的人生经历。

　　显然，这是一个浪漫却不理智的决定。尽管丘吉尔是一个成熟而冷静的政治家和军事家，但是，在这样一个激动人心的历史时刻，他也有些把持不住自己的浪漫遐想，忘掉了自己肩上的责任。他竟然真的向国王发出了邀请信。当时的英王乔治六世更是一个浪漫主义者，一直都很羡慕那些率领军队战斗的古代国王，一接到丘吉尔的邀请信便立刻欣然答应了。如此一来，英国的两位最高领导人就要共同参加一场出于浪漫目的的冒险了。

　　当时，英王有一个秘书，名叫阿南·拉西勒斯，他是个十分冷静的人。他得知这一消息后，感到万分震惊。他清楚地知道，这次登陆战，虽然之前已经做出了周密的安排，又是大规模的军事行动，相对比较安全。但是要知道，这说到底是真正的战争，而不是军事演习。万一出现什么意外，在这么紧要的历史关头，英国的两位最高领导者都出现不测，那是英国所承受不起的代价。于是，阿南·拉西勒斯一刻也不敢耽搁，火速前去面见乔治六世。在路上，他心里盘算着，乔治六世是一个天生的浪漫主义者，此时又正处在兴头上。自己直言劝阻，恐怕他未必听得进去。因此，最好能够想到一个巧妙的劝阻办法。

如果你是阿南·拉西勒斯，你会如何劝阻英国国王？

87. 郑板桥巧断悔婚案

郑板桥是我国清代著名画家、书法家，因画风怪异被称作"扬州八怪"之一。不过其怪异的不仅是画风，其做事也经常是不拘泥于常规，而且这种做事风格也体现在了其做判官的过程中。郑板桥在乾隆年间曾中进士，因后来弃官卖画，他只做了一段时间潍县县令。下面这个故事便是他在做潍县县令时巧妙地判断一桩悔婚案的经过。

一天，郑板桥接到了一桩案子。事情是这样的：当地的一个财主原本将自己的女儿许配给了一个县令的公子。后来这个县令因故被革职归家，并抑郁而终，不久妻子也故去，只剩下县令公子孤苦拮据地度日。这个财主见女婿变穷，便想要赖婚。而这个公子则不同意，双方于是对簿公堂。郑板桥先是审问了一堂，大致了解了一下情况，然后声称需要再核实一下双方所言，宣布退堂，择日再审。

没想到到了第二天，这个财主因为自知理亏，又想赢得官司，悄悄地给郑板桥妻子送了一千两银子，让她劝说郑板桥判他赢。郑板桥做官一向清白自律，知道这件事后，对财主十分愤怒。并且，他一向痛恨财主这种嫌贫爱富的行径，况且，郑板桥还发现这个县令公子虽然家道中落，但他本人知书达理，颇有才学，前途无可限量。

于是，他便决心做成这一门婚姻。如果直接将财主叫来训斥一顿，将银子退给他，然后判公子赢得官司，这样做似乎并非最完美的办法。因为公子也实在是太穷，可能即使赢了官司，也没有钱迎娶财主女儿过门。如何才能想到个两全其美的办法呢？郑板桥在屋里来回踱步，突然，他的眼光落在桌子上财主送来的一千两银子上。眼睛一亮，计上心来。

郑板桥当即将财主找来，假意对他说："你的银子我收到了，俗话说，无功不受禄，既然收了你的银子，我一定要为你效劳的。因此呢，这事我要管到底，想认你的女儿做干女儿，这样一来，就可以提高她的身价，我亲自为她找个乘龙快婿。"财主虽然有钱，但毕竟无势，现在县太爷既然要收自己的女儿做干女儿，自然是巴不得的事情，于是满口答应了。

你猜郑板桥接下来是如何做的？

88. 记者装愚引总统开口

美国第三十一届总统胡佛，不喜欢在公共场合发表自己的政见，对于记者的采访，也一向采取沉默是金的策略。不过，曾经有一次，有一位记者却通过自己的巧妙策略撬开了这位沉默总统的嘴。

胡佛就任总统前夕，有一次坐火车外出考察，随行记者和他坐在同一节车厢里。这位记者想趁机对胡佛进行采访，从而了解一下这位即将就任的未来总统的政见。但是，无论这个记者怎么询问，胡佛始终一言不发地看着窗外。这位专以探听政界要人言论的记者感到十分沮丧。

这时，火车经过一片农场的时候，车窗外出现了一片新开垦的土地。这位记者灵机一动，想到一个办法，使得胡佛开口发表了长篇大论。他也得以写成了一篇很详尽的报道。

你猜这位记者想了个什么办法？

89. 东方朔劝汉武帝

一代雄才大略的皇帝汉武帝步入晚年后，因为贪恋荣华富贵，逐渐失去理智，开始宠信起方士来，希望方士们能够帮他找到长生不老的神药。大臣们就此事多次劝谏汉武帝，无奈他根本听不进去。

太中大夫东方朔也决定劝一劝汉武帝，但他知道直言劝谏汉武帝很难听进去，便琢磨出了一个主意。这天，他对汉武帝说道："陛下，据我看来，长生之药并非没有，但是决不是那些方士所能找到的。"

"你何出此言哪？"汉武帝问道。

"因为方士们所找的药都是在地上，其最多只有治病康体、延年益寿之效，而真正的长生之药则只有天上才有。"东方朔解释说。

"那怎么才能到天上得到这药呢？"汉武帝急切地问。

"实不相瞒，臣就可以上天去找这药。"

汉武帝一听，不大相信，因为东方朔一向性格诙谐，滑稽多智，常在武帝前谈笑取乐。但既然东方朔这么说，汉武帝又求药心切，便命令东方朔立即上天取药，一个月内取不来，便要砍他的脑袋。

　　东方朔一听，立刻表示答应了。环顾了一下四周之后，东方朔又说道："陛下，我已经拿脑袋做了担保，但是这些人却在这里交头接耳地议论，看上去并不相信我的话。为了向大家证明，我希望您能派一名方士和我一块上天，也好监督我。"汉武帝一听，觉得有理，便批准了。

　　于是，一个一向受到汉武帝宠信的方士住到了东方朔的府上。但是，东方朔回府后，似乎并没有将上天取药的事挂在心上，每天只是像往常一样到王侯家中轮流宴请作乐，高谈阔论。方士自己虽然受到皇帝宠信，但其官职并不高，而东方朔则身居要职，因此方士也不敢多言。

　　眼看一个月的期限已到，方士看东方朔依旧不做一点上天的准备，这下才着急了。他也不顾自己的地位卑微了，不停地催问东方朔何时上天，又干脆问他到底能不能上天，而东方朔则干脆躲着他。实在被问得紧了，东方朔才应付他道："神仙经常云游四方，又不会在家里等着我们去拿药，要看机缘的。不过，这事情已经有眉目了，就在几天之内，神仙就会前来接我去的。你也准备好上天吧！"

　　就这样，到了规定期限的最后一天，方士还是没有从东方朔那里得到准信，于是气愤地上床睡觉了。这一夜，他翻来覆去睡不着，因为他知道，伴君如伴虎，一不小心，不仅东方朔被砍头，自己的小命也得搭进去。于是，他想了一夜，第二天见到皇上时如何交代，如何将自己撇开责任。如此辗转反侧了一夜，到天快亮时，他才终于迷迷糊糊睡着了。

　　而方士刚刚入睡，东方朔却突然进来将他喊醒，告诉他马上要上天了。方士迷迷糊糊地便跟着东方朔来到了一个凉亭里，并告诉方士准备好，马上神仙就会来接他们。说完，东方朔便闭上眼睛盘腿坐在了地上，一动不动。如此过了大约一个时辰，方士也不见神仙来接，只觉得困得要命，便身子一歪，靠着凉亭的柱子睡着了。

　　就在这时，东方朔开始用扇子在方士的耳边轻轻地扇动，同时嘴里轻轻地发出呼呼的声音，这个耳朵扇一会儿，则又换到另一个耳边。这时正好凉亭里也有凉风吹过。东方朔一边扇风，一边轻轻地喊着方士的名字，听上去仿佛是来自遥远的天上的呼喊。最后，东方朔收起扇子，将方士叫醒，大声对他说："我刚才在天上喊你，你怎么不答应，好了，我已经上过天了，刚从天上回来！"

　　方士一听大吃一惊，但坚决不信。东方朔于是说："你这人到底有没有脑子！刚才不仅我上了天，而且还带着你一起上了天。我们一起腾云驾雾，一路上耳边都是呼呼风声，你忘了吗？你刚才没有听到呼呼的风声吗，你没有听到我喊你的名字？"

　　方士这时才猛然想起，刚才自己迷迷糊糊好像是听到了风声，回想起来，还真像是在腾云驾雾；并且，他也的确听到有人叫自己的名字，听上去仿佛是来自天上。想到这里，方士不禁感到目瞪口呆，自己真的已经上过天了！

　　这时，一旁的东方朔继续说道："不过，也不是每个人都能随我上天的。只有那些深谙道术的人才能够随我上天，凡是对道术一窍不通的人，或者是假冒道术的人，就不能随我上天。"

　　方士一听，慌忙辩驳道："不是，不是，我刚才的确在梦里听到了风声，并听到了你喊我的名字。看来我们都已经上过天了！"

　　"你不是为了假装自己懂道术而说谎吧？"东方朔故意严肃地

问道。

"绝对不是！我可以对天发誓！"方士严肃地保证。

"那好，我们一起进宫，你跟皇上说一下情况吧！"东方朔狡黠地笑了一下说道。

东方朔于是带着方士一起进了宫，他不仅没被杀头，而且还达到了自己阻止这场闹剧的目的——成功地使得汉武帝放弃了追求长生之药。

你猜东方朔是如何做到的？

90. 诸葛亮智激周瑜

三国时期，曹操基本统一了北方之后，开始着手南征，统一天下。建安十三年（公元208年），曹操先是建造了玄武池训练水军，派遣张辽、乐进等驻兵许都以南；同时为了解除后顾之忧，对可能动乱的关中地区采取措施，上表封马腾为卫尉，封其子马超为偏将军，继续代替马腾统领部队，令马腾及其家属迁至邺作为人质，以减轻西北方向的威胁。该年七月，曹操亲率大军二十万，号称八十万，南征荆州。

本来寄居于荆州刘表篱下的刘备被曹操一路追赶，狼狈不堪，眼看有被曹操灭掉的危险。此时，诸葛亮对刘备说："事急矣，请奉命求救于孙将军。"然后，诸葛亮便只身来到吴国游说，想让其和刘备一起抗击曹军。

诸葛亮知道，孙权在得知曹操南征之后，已经将正在鄱阳湖训练水军的大都督周瑜召回商议。因此要想说服吴国和刘备联合抗曹，除了吴主孙权之外，最为关键的人物便是周瑜。如何才能说服周瑜呢？要知道，曹操来势汹汹，吴国大臣多数都倾向于投降，而吴主孙权本人也是举棋不定，尚在观望，周瑜自然不可能不受这种大气氛的影响。况且，以周瑜的才能，投降曹操后，不愁不能身居要职，享受荣华富贵。因此要想说服周瑜，显然是相当不易的。坐在前往东吴的船中的诸葛亮在烦恼之下，开始翻阅书卷。突然，他无意中翻阅到曹操之子曹植所写的《铜雀台赋》。诸葛亮知道，铜雀台是曹操建立的一座高台，声称要将天下美女置于台上，供自己晚年时享乐。在该台落成之际，其曾召集文武大臣在台前庆祝，并令其几个儿子登台做赋。其中曹植下笔成章，做出这部文笔华美的汉赋。

在这篇自己早就熟读过的汉赋中，诸葛亮看到了其中的"立双台于左右兮，有玉龙与金凤。连二桥于东西兮，若长空之蝃蝀"几句，顿时眼睛一亮。诸葛亮联想到，曹操向来以好色著称；而江南的乔公之女大乔、小乔二人并称"二乔"，其美丽名闻天下，其中的大乔嫁给了孙策，小乔则嫁给了周瑜。想到这里，再看看那两句赋文，诸葛亮想到了一个绝好的点子，正是凭借这个点子，诸葛亮成功地使得周瑜坚定地站在了抵抗曹操的阵营中。

你猜，诸葛亮是用什么点子说服周瑜的？

91. 新知府"絮叨"问盗

清朝时，山东莱州地区有个强盗，其犯案累累，又狡诈异常，说话反复无常。官府将其捉拿归案后，其常常翻供，使得审讯的官员很是犯难，不知该如何对其定罪。

这个强盗的案子还没有定下来，老知府因事调走，新到任了一个知府。新知府到任后，翻阅卷宗，看到这件案子拖了这么久，便感到很奇怪。询问师爷，才知道是因为盗贼屡屡翻供所致。于是，他笑了一下说道："这种案子，本府三天即可审问清楚！"

于是，第二天一早，新知府在衙门的客厅里放了一壶茶，自己在上面一坐，然后命人将强盗带来，竟和他闲谈起来。不过，知府命书吏在一旁记录下闲谈的内容。新知府边品茶边漫不经心地问道："你是哪里人氏？"

"小人是郯城人。"

"你多大年龄了？"

"今年 38 岁。"

"你父母可还健在？"

"小人不幸，父母双亡了。"

"你家是住在乡下还是城里？"

"小人家住城里。"

……

半天下来，新知府所问的都是这些家长里短的事情，对于案件本身却并未询问一句。盗贼看这个新知府态度和气，也就十分放松，很配合地回答。不过，由于他经常被抓起来审问，这些问题的答案也就随每次的情况而变，并不一定。而旁边负责记录的书吏则心里想：问这些与案情无关的琐事有什么用，看来这个新知府不过是个草包罢了。

到了第二天，新知府仍旧是摆出昨天的架势，和强盗聊其琐事。强盗心想，你这么问案，恐怕永远也别想定我的罪，只是暗自得意地回答这些"没什么用"的问题。书吏今天则更是觉得困惑，今天所问的依旧是类似昨天的那些无聊的问题，而且，一些问题昨天都已经问过了，但他也不敢多言，只是一五一十地记录下内容。

没想到到了第三天，新知府又是前两天那一套。只是到了最后快要结束时，新知府让书吏将这三天来所记录的内容拿给自己，然后，突然宣布正式升堂。

在大堂上，新知府对强盗说道："从案宗上看，你犯罪事实确凿，为何屡屡翻供？"强盗回答："小人实在是冤枉的，有时不得已招供，是遭到刑讯逼供所致，请大人明察！"

这时，新知府一反前几天的温和，将惊堂木一拍，呵斥道："大胆刁徒，还敢狡辩，从我与你接触的三天，便可看出你是个出尔反尔，满嘴谎话的刁徒。"接着，新知府便翻着书吏记录的案宗说了一番话，将强盗驳斥得哑口无言，当场服罪，并保证不再翻供。这时，书吏和衙役才明白了新知府三天来如此"絮叨"地问案的目的所在，并对其十分佩服。

你猜，新知府是如何驳斥强盗的？

92. 魏徵巧劝唐太宗

唐太宗的皇后——长孙皇后死后，被安葬在昭陵。唐太宗因为和她感情甚笃，十分思念她，于是便令人在宫中搭建了一座很高的楼台，经常登台眺望昭陵。这件事如果放在普通人身上，可能并非坏事，但是放在皇帝身上，便有些不合适了。因为一个皇帝将自己过多的心思寄托在一个死去的皇后身上，便必然对国事有所荒疏。即使实际上没有荒疏国事，这种事传出去，人们也会以为皇帝重视私情，而不重视国事，影响不好。魏徵知道这件事情后，便决定找个合适的机会劝谏唐太宗。但是，这次他并没有直言进谏，而是采取了迂回的策略。

一次，唐太宗带领魏徵一起登台观看陵墓，他问魏徵看到陵墓没有。魏徵假装看了很久后，说道："臣年纪大了，眼睛昏花，没有看见。"唐太宗于是用手指给他看，魏徵故意问："这个是昭陵吧？"太宗回答说是。魏徵于是说了一句话，唐太宗一听，便感到十分惭愧，立即下令拆除了楼台。

你猜，魏徵说了句什么话？

93. 长孙皇后劝唐太宗

唐太宗算得上是中国历史上难得的虚心纳谏的好皇帝了。但是，到晚年时期，因为国家已经在他的治理下进入了著名的"贞观之治"，国家强盛，政治清明，百姓富足，因此唐太宗也不免有些志得意满，虽然还能够听进别人的意见，但已经不像以前那样虚心了。

一次，著名的谏臣魏徵在向唐太宗进谏时，唐太宗便有些不买账，但是一向耿直的魏徵也同样不买唐太宗的账，只是一味地争辩。结果双方言辞都十分激烈，最后不欢而散。回到后宫后，唐太宗感到十分恼怒，恨恨地说："岂有此理，朕怎么说也是皇帝，岂容你如此态度。等我将来有了机会，非杀了你这个乡下人不可！"长孙皇后这时正好进来，见状大吃一惊，慌忙问唐太宗："陛下，究竟是谁惹您生这么大的气，您要杀了谁？"唐太宗回道："还不是魏徵这个老儿！"长孙皇后一听赶紧问道："老臣魏徵忠直敢言，您经常在我面前夸赞他，怎么今天反而要杀他呢？"

唐太宗带着火气说道："这个老东西，每次进谏，我都洗耳恭听，并认真考虑他的意见。但是，他就以为朕好欺负，得寸进尺，竟然当着众多大臣的面顶撞我，一点面子都不给我留，使我完全下不来台。不杀他，我这个皇帝没法当了！"

长孙皇后一向深明大义，她往往能够在唐太宗使性子的时候以自己的温柔和智慧对唐太宗进行规劝。最近，他也发现唐太宗因为自己的功绩有些飘飘然了，不再像以前那样能够听得进别人的意见。于是，她也早有心对唐太宗进行一番规劝。但是，此时的唐太宗正在气头上，如果再给他来一番虚心纳谏的大道理，恐怕不仅他不会接受，反而会火上浇油，使自己从此不好再开口规劝。于是，经过一番思考之后，长孙皇后想到了一个好办法。

只见长孙皇后一言不发地回到自己的寝宫，整整齐齐地穿好朝服，这是在平时有盛典时她才会穿的衣服。然后，她重新来到太宗的寝宫中，用很正规的礼节向唐太宗请安。太宗见长孙皇后刚才不见了，现在又以这样一副打扮来拜见自己，感到十分纳闷，于是问道："你这是干什么，无缘无故为何以这身打扮来见我？"长孙皇后满脸堆笑地说道："我给陛下贺喜来了！"唐太宗一听更加迷惑了："喜从何来？"于是，长孙皇后一本正经地说了一番话，实际上是变着法地拍了一通唐太宗的马屁。唐太宗一听，马上转怒为喜，同时还感到有些惭愧，不再怪罪魏徵了，并且从此又像以前那样虚心纳谏了。

试想，长孙皇后对唐太宗说了一番怎样的话呢？

94. 劝章炳麟进食

1914 年，窃取了辛亥革命果实的袁世凯在北京实行了独裁统治。时任共和党副理事长的著名学者章炳麟对袁世凯的倒行逆施十分愤慨，经常在报纸上撰文讥讽他。袁世凯对其是又恨又怕，总想将他软禁起来。无奈章炳麟在上海，势力范围在北京的袁世凯鞭长莫及。

一次，袁世凯买通了一些共和党人，借口请章炳麟到北京主持党务会议，将章炳麟骗到了北京。章炳麟一到北京，袁世凯便派人将其下榻的公寓控制起来。章炳麟的文章、信件都无法发出，完全与外界失去了联系。后来，为了能长期控制章炳麟，袁世凯派陆建章将章炳麟诱骗到龙泉寺，摆下了长期幽禁的架势。并且，袁世凯密令，对章炳麟的策略就是：特殊优待，不得非礼，但不许越雷池一步。失去了自由的章炳麟感到十分愤怒，无奈之下，他宣布绝食，以此抗议。

章炳麟绝食几天之后，袁世凯有些慌了，他害怕自己担当逼死名士的骂名，遭到舆论界的讨伐。为此，他专门召集自己的左右询问："你们有谁能够劝章炳麟进食？"

就在大家都默不作声之际，王揖唐回答道："我能！"

这个王揖唐原是章炳麟的门生，两人后来又一起在上海组建过统一党，交情甚好。但是，他来到龙泉寺见到章炳麟后，章炳麟当头第一句话便是："你是来给袁世凯当说客的吧！"

王揖唐一听，立刻回答道："老师，我知道您的脾气，哪里敢呢？"接下来，两人便一起聊起了一些往事。等聊了一会儿，气氛缓和下来后，王揖唐试探着说道："听说老师您要绝食而死，这又何必呢？"

章炳麟于是愤怒地说道："与其被袁贼杀死，不如我自己饿死！"

王揖唐却接道："老师您如果这样做，正中了袁世凯的圈套了！"

章炳麟一听，十分不解。

王揖唐于是说了一番话，章炳麟马上表示进食了。

如果你是王揖唐，根据当时情势，你会如何说？

95. 林肯迂回拆谎言

林肯当律师的时候，有一次，他的一个朋友前来找他求救。原来，这位朋友的儿子小阿姆斯特朗被别人诬告为谋财害命，并且已经初步判定有罪。林肯于是担任了朋友儿子的辩护律师，前往法院查阅卷宗。在查阅了所有有关的卷宗之后，林肯意识到，被告被控有罪的关键在于原告方的一个名叫福尔逊的目击证人，此人一口咬定说在10月18日的月光下，清楚地看到小阿姆斯特朗开枪打死了死者。林肯仔细分析了一下证人的言辞，并查阅了一下历法知识后，找到了这个证人的漏洞。于是，林肯向法院提出申请，要求复审。

在复审中，林肯和这个目击证人展开了一场精彩的对话。

林肯：请问证人，你说你当天晚上看到小阿姆斯特朗开枪杀死了死者，并且对你的证词发誓？

福尔逊：是的。

林肯：那么，你自称当时是在一个草垛后面，而小阿姆斯特朗是在二三十米远之外的大树下，你能看清吗？

福尔逊：我看得非常清楚，因为当天晚上的月光很亮。

林肯：你确定自己不是从衣着方面进行判断的？

福尔逊：绝对不是，我清楚地看到了他的脸，因为月光刚好照在他的脸上。

林肯：那么，具体时间呢？你在证词上说是 11 时，你能肯定吗？

福尔逊：完全可以肯定，因为我回屋时特意看了看钟，那时是 11 时 05 分。

林肯问到此处后，转过身来，面朝法官和陪审团，底气十足地说道："那么现在，我可以肯定地告诉大家，这个证人是个十足的骗子！"法官和陪审团以及听众席上的人顿时感到十分惊愕，并开始交头接耳。不过接下来，当林肯说明了他的理由后，所有人都心服口服，福尔逊也顿时哑口无言。

你能猜出林肯是如何辩驳的吗？

96. 孙宝充称馓子

汉朝时，民间流行一种叫做油炸馓子的面食，其由许多环形细条组成，香酥可口，但比较脆，很容易碰碎。很多货郎担着这种食品走街串巷叫卖。

一天，一个名叫王二的货郎，挑着油炸馓子叫卖。走至一个拐角处，突然拐出来一个走路慌慌张张的青年，一下子和王二撞在了一起。王二猝不及防，担子一下子掉在了地上，所挑的油炸徽子一下子碎掉了，显然无法再卖。王二一看，便一把揪住撞他的青年道："你赔我的油炸徽子！"

青年一开始坚持说是王二自己走路不小心，撞上了自己，不肯赔。后来，围观的人越来越多，大部分人认为青年应该对王二有所赔偿，青年自知理亏，便答应赔偿。他看了看货担里碎掉的油炸徽子，问王二共有多少枚。

王二看对方服了软，便起了贪念，想敲诈一下对方，一咬牙说道："出门前我专门数了下，不多不少，正好 300 枚。"

青年一听，坚决不信，表示自己最多只肯赔 50 枚的钱。

现在，徽子已经碎掉，除了王二心里有数外，谁也说不清到底有多少枚徽子。因此，两人再次吵了起来。这下，众人也都不知道该帮谁说话了。

就在两人吵得不可开交之际，新任京兆尹的孙宝充路过此地。他见这里聚拢了一群人，便派人过来询问是怎么回事，得知情况后，他走过来表示自己给两人做个评判，两人自然不敢不同意。孙宝充先是朗声说道："王二乃是小本经营，青年人撞碎了徽子，赔偿是应该的。不过，究竟赔多少，王二也不能趁机讹诈。"

孙宝充问王二究竟被撞碎了多少徽子，王二见大官在此，心知刚才所喊数目过大，于是改口说是 200 枚。

孙宝充于是笑着说道："你刚才说是 300 枚，现在又说是 200 枚，让人如何信你的话。这样吧，我来帮你弄明白到底有多少枚徽子吧！"说罢，孙宝充果然很快便算清楚了王二的徽子数目，与实际的数目分毫不差，王二心服口服。青年于是也心服口服地如数进行了赔偿。

想一下，孙宝充是用什么办法得出碎徽子的数目的？

97. 神甫的答案

在意大利的萨丁岛上，有两个傻瓜，整个岛的人都叫他们是傻瓜。一天，两个傻瓜碰到了一起，互报委屈，都认为自己不是傻瓜。最后，两人商定，要向岛上的人澄清一下他们并非傻瓜。可是，如何做呢？两人想了很久，其中一个傻瓜说道："我有一个办法，人们都很相信法官的权威，我们去让法官告诉大家我们不是傻瓜，你看这主意咋样？"

"这主意不好。"另一个傻瓜一边将头摇得像拨浪鼓一样一边说，"我是绝对不会去的！"

"为什么？"

"两个月前，一个坏蛋将水泼在我的头上，我去法官那里控告他，法官却将我赶了出来。"

"那是为什么？"

"我告诉法官，我做了一个梦，梦见一个坏蛋将水泼在我的脑袋上，要法官去惩罚他。可是法官竟然将我赶了出来，所以我对我们找他不抱希望。"停顿了一下之后，这个傻瓜说道："我想我们还是找店老板吧，他天天在那里算账，看上去是这个岛上最精明的人了。"

"不不，我不去！"这次第一个傻瓜不同意了，"有一次我去他的店里买鞋子，他递给我一双鞋子，竟然不是同一个方向。你想，两只脚长得一模一样，鞋子不是也应该一模一样吗？所以，我问他要两只朝着同一个方向的鞋子。他竟然告诉我说：'那样的话，你只能买两双鞋子。'瞧他这话说的，难道我是傻瓜不成？

他显然是想多卖出一双鞋子。气得我一句话也懒得再说，扭头便走了。"

另一个傻瓜对于第一个傻瓜的做法也表示赞同。不过，究竟该找谁呢？两人想啊想啊，最后，决定去找神父，因为他们早就听说，神父代表了神，是最公正的。

于是，两个傻瓜便来到了教堂。他们对神父说道："尊敬的神父，岛上的居民都说我们两个是傻瓜，可是我们两个并不这么认为，现在我们想请您来帮我们裁决一下。如果我们真是傻瓜，您就直接告诉我们好了，我们从此也就承认了；如果不是，就请您告诉其他人我们是和他们一样的聪明人。"

神父听了这话之后，便问两个傻瓜："你们还记得人们第一次叫你们傻瓜时的情景吗？"

"是这样的，"一个傻瓜边回忆边说道，"我记得十五岁那年，我妈妈让我去打水，我于是带上我妈妈经常用来装东西的竹篮便出发了。但是，我用竹篮打水一直打到了天黑，也没有打到水。到了晚上，我妈妈来找我了，她一见我，就骂我说：'哎呀，你这个傻瓜！'从此，人们便都叫我傻瓜了。"

神父听后，强忍着笑问另一个傻瓜同样的问题。

第二个傻瓜于是说道："有一次，我家附近的枣子熟了，我很想吃，爸爸便让我回家将一根长竹竿拿来，好将枣子给敲下来。但是，当我扛着竹竿要出大门时，那竹竿太高了，我无论怎么弄它，它都过不了那个大门。最后，我爸爸看我老半天不去，便回家来看是怎么回事。他看到我当时的情形后，便骂我是傻瓜。从此，大家便都这么叫我了。"

神父听完两个傻瓜的述说后，想了一下，然后交给两个傻瓜一个小盒子，并说道："好了，关于你们的问题，我已经有答案了。我的回答就放在这个盒子里了，你们回家后打开盒子就知道了。不过，你们可一定要小心翼翼地打开，别让我的答案跑掉了。如果它跑掉了，你们就是真的傻瓜了。"

最后，两个傻瓜便小心翼翼地带着神父的盒子回去了。两个人一起来到了其中一个傻瓜家里，决定看看神父的答案到底是什么。最终，他们两个不得不承认自己真的是傻瓜。

原来神父是用一种迂回的方式告诉两人他们就是傻瓜。你猜，神父在盒子里放了什么？

98. 拥挤问题

古时候，在印度北部，住着一个智者，附近的人遇到生活上的难题，都喜欢来找他出主意。

一次，附近村庄中的一个妇女遇到了麻烦，于是便忧心忡忡地来到智者家里诉苦。原来，她和丈夫以及自己的两个孩子住在一个狭小的茅屋里，原本就十分拥挤。但是，最近她的公婆因为原来的房屋倒塌，搬来和他们一起居住。这下，整个茅屋就显得更加狭小了，她觉得简直就像生活在地狱中。她问智者道："哎，我该怎么活呀？"

智者一听，沉思了一会儿，便问她道："我记得你以前曾经告诉我你有一头母牛，对吗？"妇女点点头，但问道："那又怎么样呢，对于我的难题的解决又会有什么帮助？"智者于是对她说："把这头母牛牵到你的茅屋里住一个星期，然后再来找我。"妇女一听，感到十分不解，但因为知道他是个聪明人，便听从了他的安排。

一星期后，这个妇人又来找智者，一见面她便哭诉道："哎呀，我按照你说的方法做了之后，现在情况更糟糕了。母牛稍微转动一下，屋里的6个人都得跟着挪动位置，简直都无法睡觉。"

智者一听，又沉思了一下，便说道："你好像还养了一些鸭子，是吗？"妇女这次比较机灵了："啊，难道又让鸭子也住进来？"没想到智者回答说："是的，如果你要我帮你解决问题，就按我说的做。现在你将让这些鸭子也都住进茅屋里，一个星期后再来找我。"妇女一听，感到十分怀疑，但是她还是勉强同意了。

结果，一个星期后，这个妇女来到智者这里后，简直是歇斯底里地哭诉："你的建议真是太糟糕了，现在好了，我的茅屋完全成了一个动物世界了，我们一家人根本无法待在里面。为这个，我和我家那口子已经打了两次架了，我再也不听你的了！"

这时，智者又对她说了一个办法，妇女照他说的做了之后，果然一家6口人和平安乐地生活在了一起。

猜一下，这次智者的主意是什么呢？

第六章
急智思维名题

99. 弦高救国

春秋战国时期，郑国是一个小国，受很多强国欺负。有一回，秦国联合另外一个国家一同来讨伐郑国。郑国打不过他们，就来和秦国讲和："只要你们退兵，我们什么条件都答应你们。"于是秦国就提出了一个条件："让我们退兵也行，但是你们郑国的北门，得让我们秦国的人替你们防守。"郑国人心想：让你们替我们防守北门，那你们以后来偷袭的时候，里应外合不就一下子把我们郑国给消灭了吗？但是没有办法啊，郑国为了生存，只得答应了秦国的无理要求。

从此以后，郑国的北门就一直让秦国的三个将军和两千名士兵防守。郑国人日夜监视着这伙秦国人，防止他们和秦国沟通，里应外合来袭击郑国。这样过了一年，因为郑国人防得紧，秦国人一直没有得到机会进攻郑国。又过了一年，郑国人的警惕心慢慢就放松了，他们渐渐放松了对秦国人的监视。这时候在秦国的三个将军赶紧向秦国报告："郑国现在已经放松了警惕，快派兵来攻打吧，我们里应外合，打郑国一个措手不及。"秦国接到报告，就派大将孟明视率军来偷袭郑国。

秦国离郑国很远，秦国的军队走了很长时间才到滑国地界，这里已经离郑国不远了。但是走了这么长的路，秦军也都累了，于是他们决定在滑国休息一下。

郑国的一个商人弦高赶着牛到别的地方去做生意，路过滑国，正好碰到了秦国的军队。他一眼就看出了秦军的企图，知道秦军一定是去攻打自己的祖国郑国的。于是，弦高一面派人快速去郑国报信，一面想办法来对付秦军。

对于智者来说，从来都没有什么世界末日。看起来是一个无可挽回的灾难，智者的一个计谋，往往能够轻而易举地扭转局势——你知道弦高想出什么办法了吗？

100. 王羲之装睡脱险

伟大的书法家王羲之小时候是一个人见人爱的孩子。他不仅长得可爱：白净的皮肤，圆圆的脸蛋，还有一对有神的大眼睛。更重要的是，他读书用功，知识丰富，没有他不知道的事，就像一个小大人似的。所以，不光是小朋友们爱和他一起玩耍，就连大人都非常喜欢他，经常把他叫到身边，逗他玩。

当时有一个叫王敦的将军就非常喜爱他，经常把他带在身边。有一回，王敦找了一群狐朋狗友在军营喝酒作乐，又叫人把王羲之带了过来。

这群酒鬼，一旦喝上瘾了，就没有个头了。一会儿"三星高照，四季发财"地猜拳，一会儿"咿咿呀呀"地唱歌，一会儿又拿出宝剑了，趑趑撞撞地舞剑。一会儿哭，一会儿笑，把好好的一座军营闹得是乱七八糟。他们不但自己喝酒，还让王羲之喝酒，给王羲之倒了满满一杯酒，叫着"干了，干了"，完全忘了王羲之只是个八九岁的孩子。没办法，王羲之只好把酒喝了，然后趁他们不注意的时候，再把酒吐到地上去。

一直闹到半夜，王羲之都困得睁不开眼睛了，这群人也喝得东倒西歪了，他们才口齿不清地叫着："改日再喝，改日再喝！"散了酒席。王敦摇摇晃晃地把王羲之带到卧室，让他自己上床睡觉，自己也一头栽在床上，不省人事了。

清晨天还没亮的时候，王羲之起来小便，听到隔壁有人在嘀咕着什么，声音很小，但是在这万籁俱寂的清晨，还是能清楚地听到他们谈话的内容。

一个人说："王将军，我们老爷说了，事情还是得赶紧办了，以免夜长梦多啊。"

另一个人说："嗯，事不宜迟，不过这件事确实非同小可，我们不能草率地发起进攻，毕竟一旦失败了，那就是株连九族的大罪啊。所以你回去转告你家主人，千万守住秘密。"

王羲之听出来了，这是王敦的声音。

"是，我一定转告将军的意思。哎呀！对了，刚才我看到将军的卧室里还有一个人，不知道他靠得住吗？"

一语惊醒梦中人，"噢，对了，我差点把他忘了，是个小毛孩，我去看看他醒了没，如果醒了，我就一刀把他结果了，以绝后患。"王敦低沉的嗓音，让人有种毛骨悚然的感觉。说着他就向王羲之这边走来。

王羲之听了，顿时惊出满头大汗。怎么办？逃走是来不及了，藏起来的话，不要说没有藏身之处了，躲得过初一，躲不过十五啊，迟早还是要被他抓住的。王敦的脚步声越来越近了，紧急关头，王羲之急中生智……

你知道王羲之是如何做的吗？

101. 尔朱敞换衣脱难

南北朝时期，北方各个国家之间互相仇杀。人人都生活在危险之中，只有时刻保持警惕，才能保全性命。

北魏重臣尔朱荣，手握大权，引起皇帝孝庄帝的不满。公元530年尔朱荣被孝庄帝在洛阳杀死。尔朱荣的侄子尔朱兆带领大军替叔父报仇，杀死了孝庄帝。尔朱荣的旧将高欢，不满尔朱兆的行为，又起兵杀死了尔朱兆，并下令诛杀尔朱氏全族。12岁的尔朱敞是尔朱荣的小侄子，面临着生命危险。

高欢的军队来到尔朱敞家的时候，顽皮的尔朱敞一个人正在后花园玩耍。忽然，他听到前院人声嘈杂，好像是官兵正在抓人，明白杀身之祸找上门来了。尔朱敞顾不了许多，就从花园的排水口爬出了院子。

尔朱敞刚想松口气，又发现街上已经被戒严，官兵来回巡逻着，正在搜寻漏掉的尔朱家的人呢。尔朱敞看到这种情况，知道城门也一定被官兵把守着，进出城门都要被盘问。怎么办呢？尔朱敞低头看看自己华贵的衣裳，心想：我穿着这身衣服走在大街上，很惹人注目，官兵见了一定起疑心，我得找个僻静的地方换一身衣服。

这时候，尔朱敞看到街上有几个小乞丐正在玩泥巴，心中一喜，想到一个办法。

他想出了什么办法呢？

102. 绝缨救将

公元606年，楚庄王凭借手下将士们奋勇杀敌，一举消灭了叛军。回到都城后，楚庄王立即开了一个庆功宴，这个宴会的名称叫作"太平宴"，以此来祈求以后天下太平。宴会上楚庄王和将士们都非常高兴，从白天一直喝到晚上，还没尽兴。

这时候，忽然从外面进来一位白衣美女，只见她的脸颊像是三月的桃花，白里透红；一头乌黑的长发整齐地梳在脑后，消瘦的身材好像一阵风就能吹走一样。她款款来到大厅中间，向楚庄王行了个礼，就随着音乐跳起舞来。她一面转动着漂亮的裙子，一面唱出美妙的歌曲，简直就像天上的嫦娥一样，将士们都被她的舞蹈和歌声陶醉了。

她就是楚庄王最为宠爱的妃子，许姬。跳完舞后，楚庄王又叫许姬为在座的每位将军斟酒，她轻盈地像个燕子一样，一会儿飞到西，一会儿飞到东，将军们看到她来斟酒都乐开了花。

忽然，外面刮来一阵大风，吹灭了所有蜡烛，大厅顿时一片漆黑。许姬这时候正在为一位将军斟酒，这位将军居然趁着黑暗来拉她的袖子，捏她的手。许姬也很厉害，她顺手把这位将军帽子上的缨子摘了下来，快步走到楚庄王身边来，小声向他告状。要知道，调戏大王的爱妃，那可是要杀头的呀，现在只要点上蜡烛，一眼就能看出谁的帽子上没有缨子。

楚庄王会怎么做呢？

103. 拿破仑救人

有一天天气不错，风和日丽的。拿破仑突然心血来潮，带上一个侍卫就到野外去打猎了。

他们正在专心致志地寻找猎物，忽然远处传来"救命啊……救命啊"的呼救声。"不好，有人遇到危险了！"拿破仑立即策马向呼救的方向赶去。

赶到一个小溪边，看到一个士兵正在溪水里扑腾，眼看就要支持不住了，岸边还站着一个士兵，他着急地喊着："救命……救命。"拿破仑看到溪水其实并不深，水流也不湍急，根本不能要了士兵的命。

拿破仑指着落水的士兵，高声问岸上的士兵："他会不会游泳？"

岸上的士兵见了拿破仑，赶紧行礼，回答说："他平时总是吹嘘自己多么善于游泳，看来也没有几下子，你看他都快淹死了，怎么办呢，陛下？"

"没关系，我想他自己能游到岸上来。"

拿破仑真的有办法让他自己游上来吗？

104. 老太太点房报警

从前，欧洲北海附近的胡苏姆镇有一个风俗，每到冬天的时候，他们都要举行一个庆典。镇上无论男女老少都要参加，他们在海岸与海岛之间的冰面上，搭起帐篷，在冰面上自由地滑冰，随着音乐疯狂地跳舞，也会拿出烈酒，开怀畅饮，这个庆典实际上就是胡苏姆镇的一个盛大的狂欢节，人们对它怀有极大的热情，往往夏天才刚刚结束，人们就开始盼望庆典了。

这一年，庆典的时间又在人们的热切期望中到来了，全镇的人们都迫不及待地赶到了庆典现场，在那里尽情地释放出积蓄了一年的热情，庆典要从早上一直持续到半夜，直到月亮升到半空为止。

只有一个腿脚不灵便的老太太没有去参加庆典，她独自一个人趴在窗口，眺望远处载歌载舞的人们。

到了傍晚，老太太发现海平面上升起了一团乌云。

"不好了，要出大事了！"老太太惊呼起来，她的丈夫曾经是一个经验丰富的船长，从丈夫那里她学到了很多气象知识。

"大家快回来呀，台风来了，马上要涨潮了，再不回来大家就没命了！"老太太一瘸一拐地走出家门，声嘶力竭地喊着，一边挥舞着双手。

但是，庆典上的音乐震耳欲聋，狂欢的人们根本就不可能听到老太太焦急的喊声。

这时候，乌云更加逼近了，它张牙舞爪，西北风嗖嗖地刮了起来，好像是狞笑："嘿嘿，愚蠢的人们，这回你们可跑不了啦！"

老太太打了一个寒噤，她已经预感到了可怕的后果……老太太有办法拯救胡苏姆镇人吗？

105. 与贼巧周旋

像往常一样，幼儿园的舞蹈教师周巧英，放学以后，顺便在菜市场上买了些菜带回家。这个时候，周老师的丈夫陆伟通常还没有下班。

周老师来到家门口，惊愕地发现房门虚掩着。"怎么，难道今天陆伟提前下班了吗？"周老师暗想着，她蹑手蹑脚地推开房门，想给陆伟来个突然"袭击"。

当屋内的景象映入眼帘，周老师不禁惊呆了，屋内的一些杂物乱七八糟地扔得满地都是，一个满脸凶相的彪形大汉手提着一把明晃晃的菜刀，正在翻箱倒柜地找东西。"强盗行窃！"一个可怕的念头顿时从周老师的脑海里跳出来。怎么办？电光火石间，周老师的脑子快速地旋转。

马上高呼"抓贼"？凶恶的强盗近在眼前，把他逼急了，他什么事都能做得出来，这个办法对于瘦弱的周老师来说显然是很不利的。

转身就跑？就算再迟钝的强盗，也会马上警觉，他可能会选择立即夺门逃窜，也有可能会拿起菜刀追杀周老师，无论是强盗选择哪种做法，结果都是周老师所不愿意看到的。

第三种办法就是运用智谋，巧妙地和强盗周旋，先稳住强盗，然后再想一个万无一失的办法，抓住强盗，这当然是最完美的结局了。

拿定了主意，周老师"怦怦"直跳的心脏也慢慢平缓下来。

周老师用什么办法摆脱危险境地并成功捉贼呢？

第七章
博弈思维名题

106. 华盛顿找马

华盛顿的一匹马被人偷走了，于是华盛顿就找到警察，请求警察和他一起到偷马人那里去索讨。

"你凭什么说这匹马是你的呢？亲爱的华盛顿先生，这可是我一手养大的马呀。"狡猾的偷马人开始抵赖。

"什么，这是你一手养大的马吗？"华盛顿冷笑着说："昨天晚上它还待在我的马圈里，今天就变成你一手养大的了，亲爱的小偷先生，你养这匹马恐怕没有超过十二小时吧！"

偷马人生气了，他叫起来："我可不能允许有人在我的家里这样肆意地诽谤我的名誉，请你赶紧离开我的家，否则我就不客气了！"说着，偷马人挽了挽衣袖，一副随时准备动手打架的样子。

警察看情况不妙，对华盛顿说："这到底是不是你的马？如果没有足够证据的话，我们还是先回去吧。"

华盛顿冲警察点点头，示意他再稍等一会儿。

华盛顿想出办法了吗？

107. 蔺相如完璧归赵

一次，赵惠文王得到了价值连城的和氏璧，这件事被秦国国君昭襄王知道了。于是，秦王就派使者来见赵王，说愿意用15座城池来换取和氏璧。

赵王立即召集手下的文武大臣商量这件事，大家都觉得秦王是要骗取和氏璧，但是如果不答应，又怕秦王借机攻打赵国，大家讨论来讨论去，还是没有一个好的办法。

这时候，有一个大臣推荐蔺相如，说他很有见识，做事一向机警，是个能随机应变的人。赵王就招来蔺相如，要他出个主意。

蔺相如说："秦国强，赵国弱，不能不答应。"

赵王就问："如果秦王抵赖，骗取了和氏璧，不割让城池怎么办？"

蔺相如说："秦国拿15座城池换一块璧玉，这个价格已经够高的了，如果赵国不同意，那就是赵国的不对。如果秦国收下了璧玉，不肯交城，那么错在秦国，我们宁愿答应秦国的条件，让秦国担这个错。"

赵王听了连连点头，说道："先生说得有理，不知先生能作为使者到秦国去吗？"

蔺相如点头说："臣可以走一趟，如果秦国同意交城，我就把璧玉留下，如果秦国翻脸不认账，我就把璧玉完整地带回来。"

于是，赵王就派蔺相如出使秦国。

蔺相如来到秦国都城咸阳，在离宫章台献上了和氏璧，秦王看了和氏璧，非常高兴，他还把和氏璧传给身边的美人和大臣们看，过了老半天，也不谈割让城池的事。蔺相如明白了：秦王根本无意割让城池，就走上前说了一番话。

蔺相如说什么了？他是如何做到完璧归赵的呢？

108. 摸钟辨盗

古时候，县城里的一个大户人家，家里失窃了，损失了很多金银财宝。这户人家就告到县衙门，请求县官："青天大老爷，你一定要抓住那些可恶的盗贼啊，草民在这里给您磕头了。"于是县官赶紧派捕头去侦查，没过多长时间，捕头就抓住了几个嫌疑人。

县官升堂审这些嫌疑人："大胆贼人，竟敢在本县眼皮底下干偷盗的事情，实在是无法无天，如果不想受皮肉之苦，就赶紧招了。"

那几个犯罪嫌疑人都不肯招，大声喊冤："小人冤枉呀！从来没干过偷盗的事情。"

结果，县官审了很长时间，也没有找出小偷。渐渐地，这个案子就成了积案。

后来，县里来了一个非常聪明的新县官，名字叫陈述古。他听说了这个案子，就下定决心要破这个案子。但是，这么多嫌疑人怎么审呢？况且已经过去了这么长时间了，他们一定更不肯招了。怎么办呢？陈述古正在苦苦思索的时候，远处的寺庙里传来一阵钟声，"铛……铛……"声音非常悠远。忽然，陈述古想到一个办法："就这么办！"陈述古兴奋地叫起来。

第二天，陈述古派人把寺庙里的钟运了回来，他对手下的人说："可别小看了这口钟，它能辨别善恶，只要小偷一摸钟，它就会发出响声。"陈述古小心把钟供奉起来，每天都给它烧香，供奉瓜果。县城里的百姓听到了这件事，都将信将疑，都想看这口大钟怎么显灵。

大钟真的有那么灵吗？

109. 晏子使楚

齐王派晏子出使楚国。楚国的国王想找机会捉弄一下晏子，显显楚国的威风。

晏子来到楚国都城的城门前，看到城门的正门没有开，只是在正门旁边开了一个小洞。原来，晏子身材矮小，楚王故意叫人开了一个小洞来讥笑他。晏子不慌不忙地来到小洞旁说："这是狗洞，不是城门，只有出使狗国的时候，才从狗洞进。楚国如果自认为是狗国的话，那我就从狗洞进去好了。"楚王听了，无言以对，只好打开了正门，迎接晏子进城。

晏子到宫廷上来见楚王，楚王轻蔑地打量着他，问道："怎么，难道齐国没人了吗？"

晏子知道楚王是在嘲笑他，就不动声色地回答他："大王您这是什么话！光我们齐国首都临淄就有七千多户人家，大街上的行人挤得肩膀挨着肩膀，脚尖碰着脚跟，如果大家一起展开衣袖就能遮天蔽日，如果大家一起挥洒汗水，就像下雨一样。大王，您怎么能说齐国没人呢！"

楚王听了，嬉笑着对晏子说："既然齐国有那么多人，怎么派了你这样的人来当使者呢？"

晏子说："大王，您不知道，我们齐国有个规矩，就是把使者分为三六九等，如果出访上等礼仪之邦的话，就派最优秀的人去，如果出访下等无赖国家的话，就派最没出息的人去。我是使者里面最没用的一个，所以这次出使楚国，就派我来了。"

楚王听了脸红起来，心想：照他这么说，楚国倒成了最差的国家了。这个晏子实在太厉害了，以后和他说话，还是得小心一点。

一天，楚王请晏子喝酒，正喝到高兴处，有两个士兵押着一个犯人从酒桌前经过。楚王就问身边的仆人："这个人，犯的是什么罪？"仆人回答说："盗窃罪"。楚王又问："他是哪里人？"仆人回答："是齐国人。"

楚王听了，得意地问晏子："难道齐国人都是小偷吗？"

晏子该如何回答这么难为人的问题呢？

110. 郑板桥智惩盐商

郑板桥是清朝著名的画家和书法家，他曾经在潍县做过县令。

潍县地处渤海边，盛产海盐，当地很多人都做盐的生意。当时官府规定，卖盐的生意只能让大盐商来做，老百姓贩卖私盐是犯法的。但是一些百姓生活非常穷苦，不得不靠贩卖私盐来养家糊口。这些私盐贩子们盐卖得很便宜，每次只能挣到很少的钱。但是，大盐商们为了自己的利益，还是经常欺压私盐贩子。郑板桥很看不惯大盐商仗势欺人的丑恶嘴脸，他非常同情私盐贩子们的遭遇。

一天，大盐商王冉干扭着一个私盐贩子来找郑板桥。他对郑板桥说："郑大人，我抓到了一个私盐贩子，他不顾国家的规定，贩卖私盐，请大人从严办理吧。"郑板桥看到这个私盐贩子，面黄肌瘦，身上的衣服也破破烂烂的，跪在地上一言不发，一看就是一个穷困的老实人。再看王冉干，衣着华丽，满脸横肉，是潍县最大的盐商。他经常囤积食盐，提高盐价，是个人人讨厌的大坏蛋。郑板桥早就想教训他了，一直没找到机会，这次他自己倒送上门来了。

于是，郑板桥对王冉干说："好，既然如此，那本官就按王员外的意思，让这个私盐贩子带着伽在街上站一天，以示惩罚。"

王冉干听了非常高兴，他跪下对郑板桥说："衷心感谢郑大人为小民主持公道，预祝大人早日高升。但是只罚他一天，实在是太轻了。"

"那你要几天？"郑板桥问道。

"至少三天。"王冉干恶狠狠地说。

"好，那就三天吧。"郑板桥痛快地答应了。王冉干没想到事情办得这么顺利，谢过郑板桥，就高兴地走了。

这时候，私盐贩子战战兢兢地对郑板桥说："大人，我实在是迫不得已啊，家里有年老的母亲，有不懂事的孩子，而今青黄不接，家里都揭不开锅了，我无可奈何才……"

郑板桥打断私盐贩子的话："我知道了，你放心，我不会让你受苦的。"

郑板桥会采取什么样的行动呢？

111. 县令巧计除贼窝

从前，有一伙强盗，自称"死不怕"，他们坑蒙拐骗、打家劫舍，做下无数坏事，搞得百姓人人谈虎色变。县令早想为百姓除掉这个大害了，可是总是找不到他们的黑窝。

一天，捕快抓住了两个强盗，把他们扭送到县衙门，本想县令会重重发落，大快人心。但是县令非但没有治盗贼的罪，还置办了酒席招待两个盗贼，并亲自为他们敬酒。

县令假装兴奋地说："二位大侠，劫富济贫，都是绿林好汉。本官非常仰慕，但是一直无缘相见，今天我一定要和两位大侠喝个痛快！"

两个强盗听了，更是得意忘形，和县令推杯换盏，天黑时都喝得醉醺醺的了，走起路来都东倒西歪的。

县令见了就说："两位大侠喝多了，不如我派两个下人送你们回去吧。"

盗贼虽然喝多了，但是还保存着警惕性，连忙摆手说："不用麻烦大人了，我俩没事，还能自己回去。"

县令见盗贼狡猾，又生一计，他笑着说："既然如此，我就不派人相送了，我为两位准备了竹竿，拿上它走夜路也好有个扶持。"

于是，两个盗贼接过竹竿就告辞而去了。

两个狡猾的家伙，边走还边回头张望，生怕县令派人盯梢，走到岔道口的时候，两人分道扬镳，从两条路回到了贼窝，他们自以为小心谨慎，一定不会出什么差错，就放心地睡起了大觉。

但是，天亮时分，县令带着一群官兵，如神兵天降包围了贼窝，把这群祸害百姓的盗贼一网打尽了，看着两个盗贼一脸茫然的样子，县令笑着说："就是两根竹竿给我们带了路呀。"

这是怎么回事呢？

112. 墨子退兵

战国初期，楚国的国王楚惠王想成为天下的霸主。于是他扩大军队，要去攻打宋国。

楚惠王手下有一个大夫名叫公输般，是当时最好的木匠。公输般是鲁国人，后来被人们称为鲁班。说到鲁班，大家一定都听说过，一直到现在，他还被木匠尊奉为祖师爷。

公输般到了楚国不久，就为楚惠王设计了一个攻城的工具——云梯。这种梯子非常高，好像顺着它就能爬到云彩上去似的，所以叫作云梯。有了云梯，楚国的士兵攻城略地就容易多了。楚惠王见了非常高兴，一边叫公输般加紧赶造云梯，一面训练军队，随时准备攻打宋国。其他国家看到楚国的云梯，都很害怕，特别是宋国更是提心吊胆。

当时有一个叫墨子的人，他非常痛恨国家之间互相争战，使百姓遭受灾难。听说楚惠王要攻打宋国，就急急忙忙地跑到楚国来，劝说楚惠王不要挑起战端。

墨子先找到公输般，请求他不要帮助楚惠王攻打宋国。公输般没有答应，他推脱说："不行啊，我早已答应楚惠王了，不能言而无信呀。"墨子听了就请求公输般带他去见楚惠王，他要亲自去劝说楚惠王。公输般没有办法，只好把墨子带到了楚惠王的宫殿里。

在楚惠王面前，墨子非常诚恳地说："大王，楚国有方圆五千里的土地，幅员辽阔，物产丰富，然而，宋国只有小小的方圆五百里的土地，而且非常贫瘠。楚国去攻打宋国，就好比大王您有华丽的马车，却还去偷宋国的破车；有漂亮的新衣服，还要去偷宋国的一条旧短裤。所以大王去攻打宋国没有多少好处，只能给两国的人民带来灾难啊。"

楚惠王听了根本不以为然，他想：我有这么好的云梯，能轻而易举地攻下宋国。虽然宋国不是很富裕，但是也能大大增强楚国的实力呀，那么我离霸主的地位就又近了一步。想着，楚惠王得意地笑了笑，他对墨子说："我的主意已经定了，你不要再劝我了。"

墨子见楚惠王这么坚决，就对他说："大王有进攻的办法，我就有防守的计策，到时候你也占不到便宜。"说着，墨子找来一条布带，在地下围成一座城市的模样，又找来几块木头当作攻城的工具，叫公输般过来比试一下本领。

你知道墨子是如何说服楚惠王的吗？

113. 西门豹治邺

战国时期，魏国有一个地方叫邺，境内有一条叫作"漳河"的大河。漳河的水流很大，每到雨季来临的时候，就经常冲垮河堤，造成水灾。

一次，魏王派西门豹去治理邺县。西门豹到了邺县，发现当地人烟稀少，一派萧条的景象，就连空气也显得非常沉闷。于是，西门豹就找来一些当地的老年人，问问民间有什么疾苦。

一位白发苍苍的老人说："都是'河伯娶妻'闹的，河伯是漳河的河神，是个好色之徒，每年都要给他送一位年轻漂亮的姑娘，否则，他就发大水，淹掉房屋和庄稼。"

西门豹问："是谁说要给河伯娶妻的？"

老人回答说："是本县的巫师说的，县里的官绅每年都以给河伯娶妻为借口，硬逼着百姓出钱。他们每年都能收到几百万钱，其实给河伯娶妻用掉的不过区区二三十万钱，剩余的那些钱都被他们和巫婆们私分了。"

西门豹问："河伯的新娘子，是从哪里找来的？"

老人回答说："那些都是邺县百姓家的姑娘，巫婆看到谁家的姑娘漂亮，就到谁家要人。有钱的人家只要多花点钱，事情就过去了。那些没钱的人家就倒霉了，眼睁睁地看着姑娘被巫婆拉走。"西门豹问："给河伯娶妻真的有用吗？"

老人说："洪水还是发，但是巫婆说幸亏给河伯娶妻了，要不然，洪水发得更大。"

西门豹听了，笑着说："那么看来给河伯娶妻还是有用的，等到下次给河伯娶妻的时候，你们通知我一下，我也去看看热闹。"

又到了给河伯娶妻的时候了，西门豹得到消息就带着卫士来到了漳河边。官绅和巫婆们都赶紧来迎接。

西门豹看到巫婆是个七十来岁的老太婆，她的后面跟着一群打扮得妖里妖气的徒弟。

西门豹说："把河伯的媳妇领过来，让我看看，长得俊不俊。"巫婆赶紧把姑娘领过来，西门豹看到姑娘的眼里满是泪水，回头对巫婆说："不行，这个姑娘长得不俊，河伯看了一定不高兴。"

难道给河伯娶妻真的有用吗？

114. 徐童保树

东汉末年，南昌城里有一个姓徐的小孩，才11岁，非常聪明伶俐，善于和别人辩论。

徐童经常到郭林宗老先生家玩。老先生的家里有一颗粗壮的大槐树，槐树的树枝上有茂盛的绿叶，远远地看过去，槐树的树冠就像是一把墨绿色的伞，徐童很喜欢这颗大槐树。

一天，徐童又来到老先生家里，看到一群壮汉正在磨斧头准备砍树呢！徐童赶紧找到老先生，问他："郭伯伯，这棵大树夏天的时候可以遮阴纳凉，冬天的时候可以挡风雪。它生机勃勃地生长在这里，给这个院子也带来了生气，你把它砍了的话，那么院子里面光秃秃的，多难看呀。"

老先生听了，笑着对他说："我也不想砍呀，前几天我看到一本书，书上说'庭院如井四方方，方方正正口字状，庭院当中如有木，木在口中不吉祥'。你想啊，口中加一个木，是什么字？"

徐童不假思索地说："是困字。"

老先生说："对呀，就是困难，穷困的'困'，你看这个字多不吉祥。"

徐童听了，觉得老先生太迂腐了，就凭一本书上的一句顺口溜，就要把这么可爱的一棵树给砍了，实在是太可惜了。他眼睛一转，计上心来。

徐童有办法阻止老先生砍树吗？

答　案

1. 女孩的选择

　　她反复思量这个问题，把左边的理由一条条划去，把右边的理由一遍遍加深，于是她确定了自己的选择。

2. 洞中取球

　　文彦博对小朋友们说："我们大家都回家提一桶水来，把水灌到树洞里，球就浮上来了。"文彦博借着"皮球能浮在水面上"这个属性发散思维想出了一条妙计。

3. 于仲文断牛案

　　于仲文知道牛是群居的，孤单的牛，一定会非常渴望回到自己的群体。聪明的于仲文就是在这一点上发散思维，想出了好办法。

　　事实也是如此：牛群被赶到大操场上之后，于仲文大喊一声："放牛！"只见那只无法判断是谁家的牛冲着任家的牛群跑了过去。围观的群众都明白了，他们欢呼着："牛是任家的，牛是任家的。"

4. 山鸡舞镜

　　这同样是一个借动物属性发散思维的解决问题的事例——曹冲叫人拿来了一个大铜镜，把铜镜放在山鸡的身边。山鸡看到铜镜里自己美丽的影子，忍不住跳起舞来。

　　山鸡爱站在河边跳舞，那是因为它只有看到了自己的倒影才翩然起舞。满朝的大臣都是死脑筋，他们都往河的方向去想，要在宫里挖一条河，那可真够麻烦的，所以，他们一筹莫展。其实，要山鸡看到自己的影子，有很多办法，河水和曹冲想到的镜子只是其中两个办法而已。开动思维，看看是否还有更好的办法。

5. 假狮斗真象

几天以后，林邑国又派人前来挑战，宗悫接受了挑战。这次林邑国国王神气活现地让大象排在了阵前，只见他彩旗一招，大象就撒开腿威风凛凛地向宋军冲过来。眼看就要冲到宋军阵营前了，忽然从宋军阵营里扑出了几百只张牙舞爪的大雄狮。大象见了，吓得掉头就冲林邑国的阵营跑过来，把林邑国的阵形冲得七零八落。宗悫趁机发动全面攻击，把林邑国的军队打得屁滚尿流，落荒而逃。宗悫乘胜追击，林邑国王没办法，只好投降，归顺了宋国。

宋军从哪里找来这么多训练有素的大雄狮的呢？原来，宗悫找来画师和工匠，三天之内画了500个狮像，铸了500个狮子模型。打仗的时候，让

士兵把模型穿在身上，就吓跑了敌人的大象。是假狮子吓跑了真大象——宗悫这一妙计就是在那个谋士的"狮子建议"的基础上想出来的。

6. 鲁班造锯

鲁班在草叶的启示下打造了一把带齿的工具，他把这个工具命名为"锯"。徒弟们用锯来伐木，果然又快又省力，很快就备齐了木料。一直到今天，木匠们还在使用鲁班发明的锯。

无论是在社会上，还是在大自然中，任何事物都是普遍联系着的，而这些联系则会给我们提供很多智慧的线索。

7. 小小智胜国王

第一题：小小悄悄地从口袋里掏出石蜡，放在空盆子里熔化掉，然后把铁筛子浸在里面，当把筛子拿出来的时候，筛孔就蒙上了一层薄薄的透明的石蜡，这层石蜡谁也看不到。小小走到国王面前，小心地往

筛子里倒水，结果把筛子都倒满了，也没有漏出一滴水。第一个题目就算完成了。

第二题：小小不慌不忙地把纸叠成锅的模样，把鸡蛋放在纸锅里加满水，然后放在火苗上烧，奇怪的是，火苗舔着纸锅，但是就是烧不着，没一会儿，就把鸡蛋煮熟了。小小很轻松地完成了第二道题目。

第三题：小小先把纸烧着，放进玻璃杯里。纸烧完了，玻璃杯里充满了白色的烟雾，小小立即把玻璃杯扣在盘子里。令人惊奇的是，盘子里的水长脚了似的，都流进了杯子，小小把盘底的绿玉捡了起来，手一点都没沾湿。

8. 忒修斯进迷宫

只要有线索，就算最复杂的迷宫，也不能把你困在里面——阿里阿德涅找来一团红色的线，然后对忒修斯说道："进去的时候，把线的一端系在迷宫的门上，边走边放线，这

样，杀死怪兽后，你就能顺着红线出来了。"忒修斯满怀感激地收下了线，便和其他童男童女们进入了迷宫，他们在迷宫里拐弯抹角地转了好一会儿，终于遇到了令人毛骨悚然的怪兽弥诺陶洛斯，怪兽张开血盆大口向他们扑过来，大家都惊恐地四散跑开了，只有忒修斯冷静地站在那里。就在怪兽要扑倒他的那一刻，忒修斯把宝剑深深地刺入了怪兽的心脏。怪兽重重地倒在地上，痛苦地喘着粗气，过了一会儿就停止了呼吸。忒修斯长舒一口气，带领其他童男童女，沿着红线出了迷宫。

9. 除雪

原来，这个电信员工正是受到"上帝从空中清扫积雪"的启发，想到人也可以从空中将积雪清扫掉，于是建议用直升机绕着电话线飞来飞去，利用直升机的螺旋桨旋转时所产生的强大气流将电话线上的积

雪刮掉，既简单又高效。

在这个故事里，第一个员工只是感叹了一句之后便停止了进一步思索，而另一个员工则是在人们惯性地停止思索的地方将思维进一步扩展，进而想到了实际有效的办法，这便是一种典型的发散思维。

10. 泰勒的特殊兴趣

不久，泰勒便突然多出了一个爱好，便是穿着便衣在北京城的各名胜古迹闲逛。看到名胜古迹处的签名，他便拿起相机将其拍下来，在外人看来，这是个对于签名感兴趣的奇怪的摄影爱好者。但是，身处战争年代的泰勒，可不会真的有这种闲情雅致，他实际上是在利用日本人签名并留下身份注明的习俗来搜集日本军人的信息。一天，他在颐和园万寿山的一尊大佛身后，发现了三个日本军人的签名及所属的师团。后来，他发现类似的签名越来越多，于是，他将自己所搜集

来的相关签名整理归纳一番之后，他准确地搞清楚了侵华日军的编制及其番号。

在这个故事里，泰勒利用早年记忆中的一件小事，并通过一个细节联想到日本的一个习俗，进而联想到利用这个习俗来收集情报，并最终完成任务。

11. 井中捞手表

原来，柯岩又跑到屋里找了一面镜子，将这个镜子放在第一面镜子斜上面，经过角度的调整之后，太阳光经过两次反射之后，便照在了井里。

12. 绚丽的彩纸

原来贴在墙壁上的是荷兰纸币。

13. 加一字

原来，人们在前面加了一个"宋"字，石碑成了"宋张弘范灭宋于此"。

14. 贾诩劝张绣

贾诩对张绣分析道："曹

操挟天子以令诸侯，名正言顺，这是你应该归顺他的首要原因。其次，袁绍兵强马壮，我们的人马并不多，前去投奔他，肯定不被他看重；而曹操则兵马不强，正需要扩充人马，因此得到我们肯定很高兴。再次，曹操是个心怀大志的枭雄，他必定不会因为你们之前的恩怨而怪罪于你；相反，他肯定会借此次机会向天下人表明他的博大胸襟，以吸引天下豪杰前去投奔他。所以我们应该投奔曹操。"于是张绣便听从了贾诩的意见，率领部队归附了曹操。

15. 牛仔大王

他决定用那些废弃的帐篷缝制衣服。他从帐篷的特性进行思维发散，并采取行动，缝成了世界上第一条牛仔裤！后来，终于成了举世闻名的"牛仔大王"。

16. 苏格拉底的追问

年轻人想了想，说："不知道道德就不能做到道德，知道了道德才能做到道德。"

苏格拉底这才满意地笑起来，拉着那个年轻人的手说："您真是一个伟大的哲学家，您告诉了我关于道德的知识，使我弄明白了一个长期困惑不解的问题，我衷心地感谢您！"

17. 小孩与大山

老人对小孩说："你这样骂人家，人家当然要回骂你了。你如果用友好的方式跟对方沟通，它便会同样对你友好。"这个故事所反映的哲理便是：与人相处正像是回声一样，你对别人充满善意，自然便能得到别人的善意；你对别人充满恶意，别人自然也会还以颜色。

18. 两个高明的画家

原来，李画家的作品正是那块画出来的幕布。黄画家的画只不过骗过了猫而已，而李画家的画则骗过了人的眼睛，当然更高一筹了。

19.吹喇叭

朋友说："我夜里想知道时间时，只要趴在窗台上一吹喇叭，就会有人朝我喊道：'现在是夜里×点钟，你吹什么呀！'我就知道时间了。"

20.亚历山大解死结

神秘的高尔丁死结，让无数英雄豪杰都无功而返。解开高尔丁死结，这看起来是一个根本无法完成的任务，它太复杂了！然而，让人想不到的是，这样一个复杂的问题，居然有一个非常简单的办法。气概非凡的亚历山大突破了前人的思路，挥剑劈开了高尔丁死结。

21.核桃难题

原来，这个办法就是，在核桃的外壳上钻一个小孔，灌入压缩空气，靠核桃内部的压力使核桃壳裂开。

在取核仁时，人们往往习惯性地想到要从外面去打开核桃壳，而不会想到从内部着手。这个办法便是一种典型的打破常规思维的求异思维。

22.充满荒诞想法的爱迪生

实际上，只要能够打破常规思维，这个想法是可以实现的：如下图所示，沿着纸上的线剪开再展开，即可让人钻进钻出。这实际上是一种把"面"变为"线"的做法。实际上，这些看似荒诞至极的想法，往往能够培养一个人大胆思考的习惯，将其思维充分打开，使其具有非凡的创造性。

23. 毛毛虫过河

毛毛虫可以等自己变成蝴蝶后飞过去。

24. 蛋卷冰激凌

原来哈姆威看卖冰激凌的商贩没有盛装冰激凌的容器了，他便将自己的蛋卷卷成锥形，以用来盛放冰激凌。冰激凌商贩一看这个办法挺好，便买下了哈姆威的所有蛋卷，用来制造这种锥形冰激凌，以方便让顾客带走。而人们则发现，这种锥形冰激凌不仅携带方便，外观好看，而且冰激凌和外面的蛋卷一起吃，味道也很好，后来十分流行的蛋卷冰激凌就此诞生。不仅如此，这种蛋卷冰激凌还被人们评为那届世界博览会的真正明星。

25. 图案设计

纸条上写着："我的图案设计是信封上的假邮票。"这个人不仅表现出了自己扎实的美术功底，而且也展示了自己的创意思维能力。

26. 百万年薪

日本商人弄清的真相是：对面的那家店也是这个年轻人开的。

故事中，这个年轻人总是能够摆脱从众思维，看到别人所看不到的机会，继而通过自己出人意料的举动获得更大的收获。这其实就是一种打破惯性的求异思维。而这种思维在商业上是非常有价值的，所以日本丰田公司亚洲区的代表山田信一才会花百万年薪雇用他。

27. 聪明的小路易斯

小路易斯将瓶盖盖上并拧住，然后把瓶子倒过来。这样，油就浮了上去，醋沉了下来，他再将瓶盖松开，醋就流了出来。

28. 聪明的马丁

他拿起了第2只杯子，把里面的红色的水倒进了第7只杯子，又拿起第4只杯子，把里面的红色的水倒进了第9只杯子，结果，杯子就成交错排列的格局了。

29. 银行的规定

那个人先取出 5000 元，再把不需要的 2000 元存进去，结果就得到了他想要的 3000 元钱。

30. 购买"无用"的房子

这位乘客考虑到这座房子对于火车上处于极度无聊之中的旅客的吸引力，将这个房子买下来，用来给各个商家做户外广告。结果，因为其独特的位置，广告订单雪片般飞来，这个乘客于是就发了财。

按照正常人的思维习惯，房子位于火车道旁，是致命的缺点，所以根本没有价值。但是，这位乘客却反过来看，认为房子位于火车道旁，恰恰是其优点，具有不可估量的价值。这是一种典型的逆向思维。

31. 妙批

主考官的批复只有四个字：我不敢娶（取）。

32. 有创意的判罚

原来这位法官的判决是：要求这个少年返回学校读书，获得一张真正的高中毕业文凭来交给法庭。最后，这个少年果然去读了高中，并在三年后给法庭交来了他的毕业文凭复印件。并且，这个少年接下来还考入了大学。据统计，后来这个法官对于类似案件以及少年偷窃案等案件的罪犯都采用了这个判罚。在接下来的 10 年时间里，共有接近 600 个少年犯重新回到学校读书。

假冒文凭，就判处你去获得一张真文凭来，这的确是一种富有创意的判罚。

33. 鬼谷子考弟子

原来，鬼谷子给弟子们派出这个任务，是想考考自己这两个弟子的才智，而不是比他们两个的体力。10 天之后，鬼谷子先在洞中点燃了庞涓打来的干柴，这些干柴的火势虽旺，但浓烟滚滚。显然，数量和质量都没有达到老师的要求。而孙膑从山上回来之后，就把自己砍来的榆树枝放到一个平时烧炭的大肚子小门的窑洞里，开始烧起榆树木炭来。等烧好之后，孙膑又用那一根柏树枝做成的扁担，将榆木炭担回鬼谷洞，意为"柏担有榆"。等到鬼谷子点燃这些木炭的时候，没有一点烟，这便做到了"木柴无烟"。鬼谷子一看十分满意。

原来，孙膑在接到老师的任务后，便意识到，10天的时间砍一百担木材，凭自己的体力完全做不到，于是便用谐音巧妙地满足了鬼谷子的要求。而庞涓则遇事不知思考，仅凭着一股子蛮力，结果费力不讨好，自然要令鬼谷子感到失望。

34. 复印机定价过高

在当时，美国法律只是禁止以高价位出售复印机，但是，却并不禁止威尔逊出租或提供复印服务。聪明的威尔逊只是稍稍动了一下脑筋，这个问题就解决了。他想到了通过这两种方式依旧可以赚钱，而且需求量会更大，因此他赚的钱也就更多。

35. 绝妙的判决

原来法官是这么说的：鉴于父母离婚的最大受害者是孩子，为了保护儿童的权益，并考虑到父母双方的要求，本庭宣判如下：父母归两个孩子所有；原有的住宅的居住权也归两个孩子所有，而不判给母亲或父亲。离婚后的父母定期轮流到原来的住宅中居住并照顾孩子，直到孩子长大成人。

36. 用一张牛皮圈地

原来，狄多公主让随从们将公牛皮切成一条一条的细绳，然后再把它们连接成一根很长的绳子。她在海边把绳子弯成一个半圆，一边以海为界，圈出了一块面积相当大的土地。因为同样周长的平面图形中，圆的面积最大，以海为界，又省下了一半的周长。

37. 问题呢子

原来，副厂长的主意便是将错就错，不对呢子做任何变动，而是将这批呢子称作是"雪花呢"，然后投放市场。因为当时市场上全都是纯色呢子，还没有这种杂色呢子，因此"雪花呢"一投入市场，便受到了人们的广泛欢迎。其后，便有许多呢子厂家开始主动生产这种上面有斑点的呢子，直到今天还受到人们的欢迎。

在这个故事里，如果人们始终按照常规的思路，将这批呢子当作一个"错误"来处理，可能永远也不会得到这样的好结果。这位副厂长也是利用了一种求异思维，使得事情出现了转机。

38. 把谁丢出去

小男孩儿的答案是——把最胖的科学家丢出去。其实这是报纸利用人们的惯性思维设置的陷阱，诱使人们讲道理，摆事实，引用大量数据来分析哪个科学家对人类的贡献最大。获奖的小男孩根本不去理会科学家的价值，而是运用了问题转换的思考方法，从最简单的思路出发，把最胖的科学家扔出去，轻松地解决了问题。

39. 牙膏促销创意

原来，他的点子便是将牙膏管口的直径扩大一毫米。这扩大的一毫米对于使用者来说看上去并不起眼，但是因为人们每次挤牙膏时所挤出的长度往往是固定的，所以这样每个人每次其实都多用了一些牙膏，如此一来，反映在牙膏企业的销售量上，便是很大的增长。

在这个故事中，其他的人

在想办法提高牙膏销量的时候，肯定都想的是如何在广告上、销售策略上下工夫，殊不知这些东西整天被专业人士琢磨来琢磨去，发挥想象的空间已经不大了。

而这个年轻员工则避开通常的路子，从另一个别人忽略的角度提出了点子，这点子听上去十分笨拙，却又十分管用，堪称奇招。这就是转换思维的妙用。

40. 狐狸的下场

老虎淡淡地答道："在遇到我之前，你对狼不也是忠心耿耿吗？现在，狼已经不可能跑掉了，我不如先把你这个将来的背叛者给吃掉。"

41. 神圣河马称金币

其实收税官的主意非常简单，就像曹冲称象一样，收税官先是把河马放在运载河马过来的那艘华丽的船上，接着在船的外侧记下船的吃水线。然后他把河马从船上牵走，再把金币往船上放。当达到相同的吃水线时，船上金币的重量就相当于河马的重量了。

42. 熬人的比赛

可以让兄弟俩交换座骑，因为先后到达是以马而论的，这样一来，只要自己骑着对方的马赶在前面到达了指定地点，那么自己的马肯定就在后面抵达了。因此，比赛便变成了谁骑着马跑得快的性质了。

43. 租房

孩子对房东说："这一次，是我要租房子，老爷爷，您放心，我没有孩子，只带来两个大人。这样行吗？"

44. 驼子的爱情

墨西对弗西说："当时上帝告诉我，我未来的妻子是一个驼子的时候，我向上帝恳求道：'伟大而仁慈的上帝呀，您怎么能让一位女子有那样的外貌呢？女孩子最看重的就是自己的相貌了，您这样做，我未来妻子的自尊心一定会受到伤害的。我求求您施展无所不能的神力，把美貌赐还给我未来的妻子吧，我宁愿自己做一个驼子来代替她。'就这样，我就成了一个驼子，而小姐你才会有今天沉鱼落雁般的美貌。"

45. 萧伯纳与喀秋莎

喀秋莎对萧伯纳说："回去告诉你妈妈，今天跟你一起玩的是苏联美丽的姑娘喀秋莎！"

46. 石头的价值

哲学家回答道："当你非常珍惜它，把它当成稀世珍宝时，它便拥有了无上的价值。生命不也一样吗？"

这人一下子明白了。

47. 除杂草

要想除掉旷野里的杂草，最好的办法就是在上面种上庄稼。同样，要想让心灵不被世间的"杂草"所打扰，就必须在心中留有美德。

48. 淘金者

这个人看到来此地的人这么多，如果开展交通运输，肯定能大赚一笔，于是就开起了营运的业务。

那些淘金者都忘记了通向发财的路不是只有淘金这一条，淘金只是一条比较直接、便捷的道路，还有很多方式可以致富。

49. 潦草的解雇通知书

马克·吐温给霍金斯解释说："您的笔迹很特别，敬重您的同行一眼便能认出来。但是当时您因为激动，所以那封信写得很潦草，除了最后的签名比较清晰之外，其余的字迹都不是很清晰。所以，我拿着这封信对其他人说，这是您给我写的推荐信，他们不好意思说看不懂您的字迹，于是就信以为真了。"

本来是一封解雇信，马克·吐温却使其"变成"了一封推荐信，变不利为有利，一般人还真想不出这么个奇妙的主意。

50. 触龙巧说皇太后

触龙来到了赵太后面前，首先抱歉地说："臣年纪大了，腿脚越来越不灵便了，所以很长时间没有来看望太后，太后您的身体还好吧？"太后双腿已经不能走路了，她说："我只能用车子代步。"

触龙关切地说："那您的饭量没有减少吧？每天坚持活动活动，吃一些自己爱吃的东西，这样对身体是有好处的。"赵太后听他说的都是生活上的事，态度慢慢好起来了。

触龙又说："我有一个孩子叫舒琪，是我最小的一个孩子。我非常疼爱他，现在我年老了，不知道还能活多久，我希望把他送到宫廷侍卫队，做一名侍卫，这样以后他也能有个依靠。"赵太后答应了他的请求，笑着对他说："原来你们男子汉也懂得疼爱自己的儿子啊。"

触龙回答说："其实男人比女人更疼爱儿子，但是父母爱孩子，一定要为孩子的长远打算。比如当年，您把您的女儿燕后嫁给燕王作妻子的时候，拉着她的脚跟，为她哭泣，那情景够伤心的了。但是燕后走后，您不是不想念她，可是您总为她祝福：'千万别让她回来。'您这样做是为她考虑长远利益，希望她能有子孙继承为燕王吧？"太后答道："是的。"

触龙继续说："五代以前，各国诸侯王那些没有继承王位的儿子，大多数都被封为侯，现在他们的后代还有存在的吗？"太后想了想说："没有。"

触龙沉痛地说："难道诸侯王的这些子孙们命中注定不能长久吗？这是因为他们没有功劳，甚至连苦劳也没有，却享受着荣华富贵。他们自己没有能力，一旦失去了靠山，就生存不下去了。现在您给长安君这么高的地位，这么广阔肥沃的土地，还有无数的金银珠宝，却不给他为国建功立业的机会，一旦您不在了，长安君凭什么在赵国生存呢？"

赵太后听了如梦初醒，点头说："好吧，那就任凭您派遣吧！"于是，赵国把长安君送到了齐国当人质，齐国就出兵来帮助赵国了。

触龙成功的秘诀在于，他能从赵太后的角度去分析问题，指出了什么才是真正的爱，溺爱只能给孩子带来灾难性的后果。

51. 保护花园

迪美普莱让管家在木牌上醒目地写着："如果在园中不幸被毒蛇咬伤，距此处最近的医院在15公里外，开车约半个小时可以到达。"

迪美普莱就是应用了视角转换的思维方法来解决问题的。开始时，他按照常规的思路，

从自己的利益出发，和闯入花园的人站在对立面，"禁止"他们入内。这种警告不但起不到积极的作用，反而会激起人们的逆反心理。经过视角转换之后，她站在对方的角度来思考问题，如果花园中有对他们造成伤害的东西，不就可以阻止他们了吗？

52. 张齐贤妙判财产纠纷案

原来，等双方将字据立好后，张齐贤说："好了，现在我有个办法，可以让你们皆大欢喜。"接着，他宣布判决结果是，让两兄弟各自搬到对方家里，互换财产。两兄弟一听，都无话可说。第二天，张齐贤果真派了吏员前去监督双方搬家。双方府上的人都不许携带财物，净身来到对方府中。完毕后，张齐贤又让二人互换了财产文契。实际上，两兄弟也未必就真的觉得自己的财产分少了，但是如果不同意，不是自己打自己嘴吗，并且自己已

经写了字据留在那里，也不敢反悔。于是，这件案子就这么了了。

对于这个案子的审理，一般的思路应该是派人分别核算两家的财产。但两家财产多少的问题，实际上很难严格计算，可能最后越算越糊涂。因此，张齐贤干脆来了个剑走偏锋，使得双方无论苦甜都无话可说，实在是个既简单又很难想到的奇招。

53. 巧换主仆

鸥夷子皮说道："我相貌平平，衣衫褴褛，而你气宇不凡，衣服也很华贵，如果我做你的仆人，这是很正常的事，人们丝毫不会感到奇怪。而如果我们的身份换一下，人们看到你这样一个了不起的人也只能给我做仆人，就会认为我的身份非常高贵。这样，我们就会收到意想不到的好处。只是，这样做就委屈你了。"

公子想了想说："你说得很有道理，那么我们调换一下身份吧，这次就便宜你了！"

主仆二人巧换身份后，果然受到了人们格外热情地欢迎。

主人一定比仆人强，从仆人的气度上，可以推断出主人的身份，这是人们公认的道理。鸥夷子皮让气宇轩昂、有贵族气质的公子变成仆人，而自己反而摇身一变就成了主人。人们看到"仆人"都这么高贵，推想到"主人"鸥夷子皮更加不同凡响，所以，城里的人们不敢怠慢，两位原本很平常的主仆，受到了人们格外热情的招待。

鸥夷子皮的智慧之处，就在于转换思维，去迎合人们的习惯思维，给人们造成一种假象，从而达到自己的目的。

54. 父亲的深意

当时的法律规定，奴隶是主人财产的一部分，主人可以拥有奴隶的一切。深谋远虑的父亲，为了稳住奸诈贪婪的奴隶，巧妙地利用这个规定，变相把所有的遗产都留给了儿子。而无知的奴隶显然没有留意这条规定，结果不过是竹篮打水———一场空罢了。

拉比也是这样给富翁的儿子解释的。但是，富翁的儿子还有疑问："父亲为什么不直接在遗书上说明呢？"拉比说："你父亲弥留之际，已经约束不了奴隶了，如果遗书上说明把所有的遗产都留给你，那么奴隶见了，会老实吗？也许他早就席卷你家的财产逃跑了！"富翁的儿子听了恍然大悟，他终于明白了父亲的深意，流下了悲喜交集的泪水。

55. 最重要的动作

老师对小男孩说："我教你的动作是柔道里面最为精妙的也是最为难练的动作，并且破解这个动作的唯一方法就是抓住你的左臂，你恰恰没有左臂，而他在抓你左臂的时候，恰恰把他自己的重要部位

暴露了出来，所以，你能一击制胜。"

聪明而经验丰富的教练针对小男孩的缺陷，数月如一日地训练这一个动作，而这个动作却因为小男孩的缺陷而变得毫无破绽，成为无往而不胜的动作。小男孩的劣势转变成了巨大的优势，最终获得了成功。

56. "动者恒动"定律

这个问题不可能凭借实验来证明，只能靠想象了。伽利略发挥自己的想象力，他想到一个无限光滑的小球在无限光滑的斜面上滚动的情景，这时小球和斜面之间肯定没有一点阻力，那么当小球从第一个斜面滚上第二个斜面的时候，水平位置是不变的，如果把第二个斜面换成平面，而且无限延长，那么小球就会沿着直线以恒定的速度一直滚下去。在这个想象基础之上，经过一些完善和补充，伽利略提出了"动

者恒动"这个物理学上的第一定律。

57."东来顺"的设想

经过不断努力，丁德山实现了他的设想。他买了几百亩地作为牧场，专门放养味道鲜美的内蒙古集宁地区的优质羊。到了卖涮羊肉的季节，"东来顺"就有了最优质的羊肉来满足顾客的需要。羊身上适合涮着吃的那部分，总共不过占一只羊的1/3左右，剩下的就卖给羊肉铺。丁德山还开办了天义顺和永昌顺两家酱园，自己精心调制芝麻酱、辣椒油、卤虾油、黄酒、腐乳汁等各种调味料。他在特制的酱油里加入甘草和白糖，咸鲜中又略带甜味，这是"东来顺"特有的风味。后来，他干脆连大麦、大豆、小米、芝麻和蔬菜都在自己的土地上生产。他还开办了一家"长兴铜铺"，为"东来顺"制造独特的涮羊肉火锅。这种火锅中间放炭火

的炉筒比一般的火锅长而且大，因而火力特别旺，羊肉容易涮熟，这样才能保持羊肉的鲜嫩。

丁德山在20世纪初就办起来了农工商牧一条龙的产业，确实是民族商号的骄傲，也难怪它能够在这近一百年的时间里享有盛名，经久不衰。即使在现在，这种把生产的各个环节组合在一起的经营模式也是有现实意义的。

丁德山的这个设想恰恰体现了组合想象的思维方法。他是涮羊肉的行家，对羊肉、调味料、火锅了如指掌，知道什么样的材料能涮出最好的羊肉。要想给顾客提供最好吃的涮羊肉，就需要把各个环节组合在一起，都收在自己的掌控之下。

58.南茜的妙想

她把小号、中号、大号、特大号，分别用玛丽号、玛格丽号、伊丽莎白号和格丽丝

号代替，巧妙地消除了消费者的顾虑，大大促进了服装的销售。

59.女佣的简单方法

女佣刚才在厨房做饭，手上沾有盐味。她把手靠近小牛犊的嘴，小牛犊闻了闻，然后兴高采烈地舔她的手。女佣后退到牛栏里，小牛犊也甩着尾巴跟着她走进去了。

女佣之所以能想到这个简单的方法，是因为她更懂得牛的习性，通过满足牛的需要来达到自己的目的。

60.日光灯的发明

科学家研究发现，萤火虫的发光器位于腹部，由发光层、透明层和反射层三部分组成。发光层拥有几千个发光细胞，细胞中含有荧光素和荧光酶两种物质。在荧光酶的作用下，荧光素与细胞内的水分和氧气化合便发出荧光。萤火虫之所以能发光，实质上是它把化学能转变成了光能。随后，

人们根据对萤火虫的研究发明了日光灯，其发光原理是：通电后灯丝发热，使灯管中的水银蒸发成气体释放出大量电子，电子的高速撞击产生紫外线，紫外线作用于灯管内壁的荧光粉则会发出自然而柔和的灯光。

近年来，科学家已经从萤火虫的发光器中提取出了纯荧光素和荧光酶，并采用化学方法人工合成了荧光素。由荧光素、荧光酶、ATP（三磷酸腺苷）和水混合而成的生物光源，这种光源不依赖电源，不会产生磁场，适合在充满爆炸性瓦斯的矿井中当照明灯，或者在做清除磁性水雷等危险工作的时候使用。

61.成功学大师的形象思维

安东尼·罗宾二十三岁的时候，向女友求婚并许诺美好的未来，但是遭到了拒绝。随后他跑到俄罗斯学习潜能开发。到了俄罗斯，他开始在一张俄

罗斯地图的背面设立目标：第一个，在二十四岁，也就是一年之后，他的年收入要超过二十五万美金——当时他连两万美金都赚不到；第二个，他要住在城堡里，城堡上面是圆柱形的，站在上面可以遥望整个太平洋；第三个，他一年之后要结婚，他甚至把未来太太的发型、眼睛都画出来了，结婚之后他打算拥有四个孩子。然后他把自己的目标贴在床头，每天早上起床之后，第一件事就是重温一下他的目标，晚上睡觉之前，最后一件事也是看他的目标。

结果，一年之后，安东尼·罗宾远不止赚到了25万美金，而是赚了100万美金。那一年，他也结婚了，他结婚当天晚上把他太太和想象中的太太对比，这个图片几乎跟他太太长得一模一样。几年之后，他真的有了四个孩子。

62.被赐福的球棒

欧雷里把选手们的球棒借走，并叮嘱他们在他回来之前不要离开宿舍。过了一个小时，欧雷里满面春风地回来了，告诉选手们牧师已经对球棒赐福了，每个球棒都有了无敌的威力。选手们受到了极大的鼓舞，对获胜充满了信心。第二天比赛果然打败了对方，在以后的比赛中也是所向披靡。

当我们不自信的时候，可以通过想象模拟成功，或者具体细致地回想自己有过的成功经历，还可以想象自己在性格、作风、能力等方面具有的优势。这种想象可以激发潜能，让我们在实现目标的过程中充满激情和信心。

63.厂长的联想

厂长想到，既然政府放宽了限制，各地的舞厅肯定会像雨后春笋一样冒出来。这时肯定需要大量的舞厅灯具，如果能够抢占这部分市场，肯定能赚大钱。他马上召集了领导班子会议，说了自己的想法，大家都认为这是一个不错的主意。没多久，这个厂子就生产出旋转彩灯、声控彩灯、香雾射灯等不同类型的舞厅灯具，很快就打开了市场。

64. 贝尔发明电话

贝尔在助手的帮助下进行试验，但是由于线圈产生的电流太小，试验失败了。贝尔没有放弃，他做了一些改进。用薄铁片代替金属簧片，用磁棒代替铁芯，以加大电流。这次他获得了成功。人在薄铁片前说话，声波的节奏变化导致铁片的振动，进而引起线圈中产生相应的电流，通过导线，传递到另一只线圈中，引起线圈前的薄铁片发生振动并发出清晰的讲话声音。1876年3月，贝尔通过联想，实现了通过把电流变成声音进行远距离通话的梦想，发明了世界上第一部电话装置。他的发明获得了美

国的专利，随后他建立了世界上第一家生产电话的工厂。

贝尔就是通过运用形象思维把一件事物的特定功能或原理应用在另一件事物上发明的电话。

65. 充气轮胎的发明

最初的自行车轮胎是实心的，在卵石路上骑车颠簸得非常厉害。有一天，外科医生邓禄普在院子里浇花的时候，感到手里的橡胶水管很有弹性，由此联想到如果发明一种充气的自行车轮胎，应该能够减轻震动。于是，他用橡胶水管制出了第一个充气轮胎。

66. 利伯的设想

为了证明这个设想，利伯进行了一系列调查研究，发现月球确实对人的生理和精神有一定的影响。人的身体也像大海一样有"潮汐"，每当月圆的时候，心脏病的发病率会增加，肺病患者的咳血现象会增多，胃肠出血的病人病情也会

加重，病人的死亡率会比平时上涨。

利伯发现了大海潮汐与人体病变的相似之处——都在月圆之夜有激烈的变化，进而推断精神病人的病情也受月球引力的影响。

67.番茄酱广告

当然不是。下一个镜头，只见那个男人缓缓地撑起身子，用薯条沾着番茄酱吃。真相大白了，原来他胸前的那片殷红不是血，而是不小心滴落的番茄酱。

创意人员正是运用了相似联想，借助番茄酱和血之间的相似点——红色黏稠的液体，耍了一个噱头，给观众留下深刻的印象。

68.费米发现核能

费米由此联想到铀的裂变有可能形成一种链式反应而自行维持下去，并可能形成巨大的能量。1941年3月，费米用加速器加速中子照射硫酸铀酰，第一次制得了千分之五克的钚–239——另一种易裂变材料。1941年7月，费米在中子源的帮助下，测定了各种材料的核物理性能，研究了实现裂变链式反应并控制这种反应规模的条件。为了逃避法西斯政权的统治，费米流亡到美国。随后，他在美国芝加哥大学建造的世界上第一座石墨块反应堆，于1942年12月2日下午3点25分，使反应堆里的中子引起核裂变，首次实现了人类自己制造并加以控制的裂变链式反应，也表明了人类已经掌握了一种崭新的能源——核能。

费米由铀原子核裂变现象联想到如果能恰当地控制核裂变就能带来巨大的能量。核能研发过程体现了由已知到未知，由局部到整体的相关联想。

69.引狼入室

政府联想到之前的状况，发现因为羊群没有了天敌，在安逸的生活中失去了活力，变得萎靡不振。再加上羊群的数量太大使草原遭到破坏，羊群没有充足的食物，体质自然会下降。牧民们发现失去天敌之后，羊的繁殖基因也退化了，于是，就又把狼群引进了草原，狼群又重新给羊群带来了危机。在危险的环境中，羊群又变得健康、活泼了，羊群的数量也有所增加。

狼是草原生物链中不可缺少的一个环节，把狼灭绝之后，就会破坏生态平衡。狼与羊群并不仅仅是敌对关系，狼还能限制羊群的过剩繁殖，迫使羊群提高警惕，保持活力。事物之间的联系是复杂的，开始时，牧民只看到了狼对牧场的破坏作用，就要把狼赶尽杀绝，当他们看到失去天敌之后，羊群并不能长期地健康成长，这时才全面地认识到狼与羊群的关系。

70. 蔡伦造纸

蔡伦仔细看了看手中的东西，不由得喜上心头。他叫上小太监们急忙赶回皇宫，马上开始了紧张的试验和制作。他找来大量的树皮、麻头、破布、旧渔网等材料，让工匠们把它们剪断、切碎，放在一个大水池中浸泡。过了一段时间，其中的杂物烂掉了，而纤维不易腐烂，就保留了下来。蔡伦又让工匠们把浸泡过的原料捞出来放入石臼中，不停地搅拌。当搅拌成糨糊状的纸浆时，再用竹片把这些黏糊糊的纸浆挑起来放到太阳底下晾晒，等干燥后揭下来就变成了纸。

71. 毕达哥拉斯定理的发现

画着画着，毕达哥拉斯突然发现：如果一个等腰直角三角边的直角边长分别为a、b，那么，以a为边的正方形，它的面积就等于这一等腰直角三角形面积的2倍；以b为边的正方形面积也等于这一等腰直角三角形面积的2倍；而以斜边为边长（c）构成一个正方形，它的面积等于这一等腰直角三角形面积的 4 倍。

"那么，进一步就可以推出 $a^2+b^2=c^2$，也就是两直角边的平方和等于斜边的平方。"毕达哥拉斯穷追不放，进一步想到："古人曾提出边长为 3、4、5 和 5、12、13 的三角形为直角三角形，那么，它们是否也合乎这个规律呢？"

于是，他赶紧在地上画了起来。不错，确实是这样的。

毕达哥拉斯并没有满足，他又产生了新的疑问："这个法则是不是永远正确？各边都合乎这个规律的三角形是不是一定是直角三角形呢？"

想到这里，他猛地抬起头来看看客厅，发现客人不知什么时候都走光了，只有主人站在那儿不解地看着他。他感到非常不好意思，也赶紧跟主人告别，一溜烟跑回了家。回到家里，毕达哥拉斯又搜集了许许多多的例子，结果都证明了他的那两个猜测是正确的。但是，他仍然不满足，决心用更大的精力和更有说服力的证明，来说明这一结论是永远正确的。功夫不负有心人，他终于证明成功了。

后来，西方为了纪念毕达哥拉斯这一伟大的发现，把这一定理称为毕达哥拉斯定理。

72. 瓦特改良蒸汽机

瓦特发现水被烧开后变成了水蒸气，是水蒸气在推动壶盖跳动！这个发现在瓦特心中留下了深刻的印象。瓦特由此想到：这蒸气的力量好大啊！如果能制造一个更大的炉子，再用大锅炉烧开水，那产生的水蒸气肯定会比这个大几十倍、几百倍。用它来做各种机械的动力，不是可以代替许多人力吗？后来，瓦特按照这个思路，经过反复研究，对前人的蒸汽机进行了合理改造。他把水蒸气的力量很好地利用起来，终于改良了蒸汽机，使人类社会开始进入了工业时代。

73. 哈格里夫斯发明珍妮纺纱机

哈格里夫斯说："如果把几个纱锭都竖着排列，用一个纺轮带动，不就可以一下子纺出更多的纱了吗？"说干就干，哈格里夫斯马上开始试制新型纺纱机。经过反复研制，他终于在1765年设计并制造出一架用一个纺轮同时带动八个竖直纱锭的新纺纱机，工作效率一下子提高了8倍。为了纪念自己的妻子，他把这台新型纺纱机取名为"珍妮纺纱机"。

74. 蜘蛛的启示

一开始法布尔认为蜘蛛是用眼睛看到网上的猎物的。为了证明这一点，他把一只死蝗虫轻轻地放到有好几只蜘蛛的网上，并且放在它们看得见的地方。可是，不管是在网中待着的蜘蛛，还是躲在隐蔽处的蜘蛛，它们好像都不知道网上有了猎物。后来，法布尔又把蝗虫放到了蜘蛛的面前，它们还是好像什么也没看见似的，一动不动。看来，蜘蛛不是靠眼睛来发现猎物的。

接着，法布尔用一根长草轻轻地拨动那只死蝗虫，蛛网振动起来。这时，只见停在网中的蜘蛛和隐藏在树叶里的蜘蛛都飞快地赶了过来。

通过这个实验，法布尔断定，蜘蛛什么时候出来攻击猎物，完全要看蛛网什么时候振动。它们是靠一种振动来接收外界信息的。如果真是这样的话，那蜘蛛一定有一种接受振动的装置。这种装置是什么呢？

法布尔对蛛网进行了仔细观察，最后终于发现：在蛛网中心有一根蛛丝一直通到蜘蛛躲藏的地方，被蜘蛛的一只脚紧紧地握住。因为这根蛛丝是从网的中心引出来的，因此不论蛛网的哪个部分产生了振动，都能把振动直接传导到中心这根蛛丝上，然后再把振动立即传给躲在远处角落里的蜘蛛。可以说，这根蛛丝是一种信号工具，是一根电报线。同时他还是一座空中桥梁，沿着这根蛛丝，蜘蛛才能以最快的速度从躲藏的地方奔向猎物。等到网中的工作结束后，又沿着它返回原处。

还有使法布尔感到不解的一点：当有风吹过来时，蛛网也会产生振动。那么，蜘蛛是如何分辨哪些是风吹过时产生的振动，哪些是猎物挣扎时产生的振动的呢？

法布尔认为，蜘蛛握住的那根电报线不是简单地传递各种振动，它还能够传递各种不同的声波。蜘蛛握着电报线的脚有很灵敏的听觉分辨力，能分辨出猎物挣扎的信号和风吹动所发出的假信号。

现在，科学家的进一步研究发现，蜘蛛的脚上有一条小裂缝，能够感知到每秒钟

20~25次的振动。人们正在设法揭开这种构造的秘密，并模拟这种构造制造出可以供人类使用的音响探测器。

75. 贾德森发明拉链

"两排饭勺既然可以紧紧地咬合在一起，如果用这种方法，不就可以把衣服和鞋子扣紧了吗？"想到这，贾德森兴奋起来，他顾不上买饭勺，扭头就往家里跑去。

一到家，贾德森就开始忙活起来。他把一个个很小的颗粒状元件作为扣子，彼此交错着镶嵌在两条布带子的边缘上，然后通过一个滑片由下往上一拉，两边的扣子就一个个依次扣紧。这就是现在拉链的最初形式，贾德森把这种新玩意儿叫作"可移动的扣子"，并申请了专利。

这个设计非常出色，但遗憾的是，这种"可移动的扣子"并不好用。早期的扣件经常卡住，安在服装、靴子上，穿着

它在大街上走动时经常会突然自动爆开，闹了不少笑话。

"怎样才能不让扣子爆开呢？"贾德森在心里不停地琢磨着。

不久以后，贾德森与沃尔特一起组建了拉链制造公司，不断地对这种扣件加以改进，并且发明了制造扣件的机器。但效果始终不能让人满意，制造出来的扣件还是不够可靠，很长时间都没有人大量购买。

1908年，瑞典工程师桑德贝克来到贾德森的公司工作。于是，沃尔特就请他对贾德森的发明进行改进。桑德贝克重新设计了扣件的链节，经过多次反复试验，最后终于设计出一个理想的方案：将扣子改成凹凸形的，使它们一个紧套一个。这样，金属牙就不会自己分开了，扣起来也非常方便。这非常类似于今天的拉链。经过改进后的扣件果然得到了人们的欢迎，很快就卖出了几千个。1923年，贾德森和桑德贝克设计的这种扣件终于以"拉链"的形式闻名于世。

76. 祖冲之测算圆周率

祖冲之想，刘徽在书里不是明明写着割圆术吗？只要将圆不断地割下去，在圆内接上正多边形，只要能求出多边形的周长，不就能算出圆周率了吗？

祖冲之先是在书房的地上画一个直径为1丈的大圆，紧接着又照刘徽所用的割圆方法，在圆内作一个内接正六边形。每条边都与半径一样为5尺长。后来，祖冲之再把6条边所对应的6个弧平分，做出一个正十二边形。用尺一量，每条边长2尺6寸多。

"到底是多多少呢？"祖冲之想，"用尺量只是一个大概，要求出精确的数值，必须用数学计算才行。"于是，他让儿子祖暅用算筹帮助计算。

儿子不停地做着加、减、乘、除运算，忙得不亦乐乎，每个数字都算得长长的一大串。每算完一步，祖暅便在一旁用笔记录下结果。父子俩算到半夜，才算到十二边形的边长和12条边的总长。第二天晚上，他们又算出二十四边形一边的长度。

经过几年的艰苦努力，父子俩把地上那个大圆一直割到24576份，终于算出了圆周率的数值介于3.1415926与3.1415927之间，并用22/7和355/113作为圆周率的疏率和密率。

祖冲之计算出小数点后面六位准确数字的圆周率，在当时世界上是独一无二的，他提出的密率值355/113要比欧洲早1000多年。所以，国际上许多数学家都主张把355/113称为"祖率"。

77.善于联想的企业家

他先与古比雪夫飞机制造厂进行协商，最后签订了易货贸易合同，用食品和服装等轻工业产品换购四架飞机。随后，他把飞机卖给四川航空公司，允许航空公司以运营收入支付飞机款，然后以飞机做抵押向银行申请了一笔不小的贷款。他用这笔钱分别与万县食品厂等300多家轻工业厂家进行交易，然后把货物运往莫斯科。经过这样一番策划，这位企业家大赚了一笔，同时还搞活了食品厂、飞机制造厂、航空公司三家的市场，可谓皆大欢喜。

可见，相关联想可以让思考者从宏观上把握事物之间的相互关系，从而做出对自己有利的决策。

78.杜朗多先生的"陪衬人"

这些"陪衬人"实际上都是廉价招募来的相貌丑陋的女佣人，杜朗多根据各人的特点对她们进行分类，然后定价出租。她们的服务内容主要是陪伴主顾以便衬托其美貌。不难想象，女士们为了满足虚荣心和炫耀的欲望纷纷前来租用"陪衬人"，一时间"代办所"门庭若市，生意兴隆，杜朗多很快就成了百万富翁。

虽然杜朗多不懂美学，但是他清楚美丑是相对的概念，一个长得丑的小姐，在比她更丑的人的衬托下也会显得漂亮，"陪衬人"自然会大为抢手。利用相对联想，杜朗多在金融交易场中发了大财。相对联想就是让我们把正反两方面的事物放在一起进行考虑，一正一反，对比鲜明，可以是属性相反、结构相反或功能相反。通过对比，可以使事物的特征更加明显，往往能引起人们的注意。比如日本一家玩具厂生产的黑色"抱娃"不受欢迎，厂长运用相对联想，想到了一个主意：把黑色"抱娃"放在模特雪白的手腕上。这样一来果然非常醒目，很快就打开了市场。

79. 特洛伊木马

木马进城的那天晚上，有个黑影趁人们都睡着了的时候，悄悄爬上城墙，向海面上发出信号光，然后他又跳下城墙，跑到木马前，敲了敲木马的腿。那个人就是赛农。接着，20多名全副武装的希腊士兵从木马里爬出来，快速跑向城门，并把城门打开，城外黑压压的希腊士兵一拥而入。这就是奥德修斯的那条计策——迂回取胜。

80. 三夫争妻

宋通判采用的就是死而后生之计，他给小娇喝的不是毒药，而只是一种麻醉药。小娇的死是他故意安排的，为的是考验三个男人的诚心。从思维上讲，宋通判用的是一种迂回思维。

81. 诸葛亮出师

先生的题目是够刁钻的，

怎样才能得到先生的允许出了庄门呢？学生们各显神通，但是都是先生预料之中的答案，这些当然不能让先生满意了，要想顺利毕业，只能突破常规的思维，给先生来个出其不意——

诸葛亮跑进屋里大声质问先生："你这个刻薄的先生，想出这样的刁钻题目来故意难为我们，三年以来，我们光阴虚度，现在你还不让我们出师，还想再浪费我们的时间呀？我不认你这个师父了，还我三年学费！"先生听到诸葛亮说出这样绝情的话，再看他一脸愤怒的样子，没有作假的痕迹，顿时气得浑身发抖，立即叫学生把他赶出水镜庄。诸葛亮依然不依不饶，连声讨要学费，被学生们拉出了水镜庄。来到庄外，诸葛亮立即从路边捡起一根荆棘，背在身上，又跑回庄内，跪倒在先生面前，赔罪说："先生，弟子为了考试，无奈冒犯恩师，实在是大逆不道，弟子甘愿受罚！"说着，从后背解下荆棘送给水镜先生。先生立刻明白了，他非但没有生诸葛亮的气，还高兴地拉起诸葛亮，对他说："你的能力已经胜过了为师，可以出师了。"

诸葛亮没有编造理由出庄，而是怒斥题目的刁钻，继而冤枉先生浪费了自己三年的光阴，把一场假戏演得像真的一样。满腹委屈的先生，顾不得自己的题目了，愤怒地把诸葛亮赶出了庄园。

82. 别具匠心

当然有帮助。

夫妻俩把宋湘的对联贴到了小店的门上，顿时蓬荜生辉，非常引人注目。附近的秀才见了，就过来鉴赏，可是，却发现"心"字少了一点，就问是谁写的。夫妻俩据实相告。"想不到著名才子宋湘，居然连'心'都不会写，实在是奇闻啊！"秀才大笑出门去，把这件事四处宣扬。一传十，十传百，听到这个消息的各式各样的人，都过来观赏，顿时小店门前热闹起来，小店的生意也红火起来了，本来大家是来看宋湘笑话的，却忍不住赞美起小店的点心来，都说："果然是上等点心！"如此一来，"上等点心"的名声越来越大，小店的生意也越来越红火，没过多久就重新翻盖了一栋气派的酒店。过了很久，夫妻俩才明白宋湘的一片苦心，宋湘少了一个点的"心"字，正是他独具匠心之处啊。宋湘其实是利用自己的名声，给小店做了一个广告。

83. 毛姆的广告

费尽心血完成的著作，却没有人理会，其实只要人们能稍微留意，就会发现这确实是一部意义深刻的好书。但是，令人沮丧的是，忙忙碌碌的人们，根本不会注意到那本默默无闻的好书，所以，当前最重要的任务就是让人们注意到它——

第二天，伦敦各大报纸都在醒目的位置刊登了一条征婚广告："本人喜欢音乐和运动，是个年轻又有教养的百万富翁。希望能和毛姆小说中主角完全一样的女性结婚。"未婚的女士读者们，甚至来不及看第二遍广告，就冲进书店，四处搜索毛姆的小说。她们想立即知道，自己是不是年轻富豪所要找的目标。而男士朋友们也不甘落后，想了解一下令富豪痴迷的完美女士，到底是什么样的。三天以后，毛姆的小说销售殆尽，而购书的读者依然数量不减，书店的工作人员只好抱歉地说："书已经脱销三次了！现在正在向出版社增订呢。"

毛姆利用少女们渴望美满爱情的心理，和男士们好奇的心理，成功地实现了自己的目的。

84. 孔子穿珠

孔子仔细想了想那位妇女有些神秘的话：密尔思之，思之密尔，'密'难道是蜂蜜的蜜？噢，孔子恍然大悟，终于明白了那位妇女的意思。孔子回头抓了一只蚂蚁，在蚂蚁的身上系上一根细线，把蚂蚁放在珠孔的一端，在珠孔的另一端涂上蜂蜜引诱蚂蚁，果然蚂蚁禁不住诱惑，带着细线，穿过了珠孔。这样就顺利地给珍珠串上线了。孔子把串上线的珍珠扔给流氓们，然后扬长而去了。流氓们拿着珍珠目瞪口呆，怎么也想不到小小的蚂蚁居然帮了孔子一个大忙。

85. 别具一格的说服

次日一早，萨克斯如约来到白宫。刚在餐厅前坐定，还没等他开口，罗斯福便抢先说道："今天不谈爱因斯坦的信，一句也不能提，明白吗？"

萨克斯对此已经有所准备，

他只是微微一笑，并点了点头，然后他装作漫不经心地对罗斯福说道："好的，我一句也不谈。不过，我想您不会介意我谈一谈历史吧！众所周知，当年拿破仑的军队横扫欧洲大陆，无人能抵挡，但是，他虽然很想，却唯独没有征服英伦三岛，你知道这是为什么吗？"

罗斯福作为一个政治家，对于这个问题自然是十分感兴趣的，不禁两眼聚精会神地盯着萨克斯，等待他接下来的解说。

萨克斯于是清了下嗓子，继续道："当年英法战争期间，拿破仑的军队虽然在陆地上所向披靡，但是在海上与英军作战时却是屡战屡败。鉴于此，当年美国发明蒸汽机船的科学家富尔顿曾经前来专程拜见过拿破仑，他建议拿破仑砍掉桅杆，撤去风帆，用钢板代替木板，然后装上蒸汽机，这样就可以大大提高船速和船的战斗力。

当然从我们今天的眼光看来，拿破仑如果采用了这种蒸汽机船，英国海军也就不堪一击了。但是，在当时的拿破仑看来，这完全是个笑话，他训斥富尔顿道：没有帆的船怎么能航行，把木板换成钢板，船还不沉到海底去，这不是天大的笑话吗！最后把富尔顿当作一个来自美国的大骗子给赶了出去。

总统先生，请您想一下，如果拿破仑当初肯冷静下来认真考虑一下富尔顿的建议，结果会如何？19世纪的历史必将重写！"萨克斯停顿了一下后严肃地看着罗斯福说道。

罗斯福听到这里，便陷入了沉默，几分钟后，他拿出一瓶法国白兰地，给萨克斯和自己斟上一杯，然后举杯说道："你胜利了，我不会犯拿破仑的错误！"

86.巧妙的劝阻

阿南·拉西勒斯见到乔治六世后，没有直接对其陈述利害，而是从另一个角度说道："国王陛下，我听说您明天要和首相一起前去观看诺曼底登陆，这的确是件令人兴奋的事情。不过，作为您的秘书，我有必要提醒您，在您临走之前，您是不是应该对伊丽莎白公主交代一些事情。因为万一您和首相同时遭遇不测，王位由谁来继承？首相的人选是谁？"

听到阿南·拉西勒斯的话，正在兴头上的乔治六世像是被兜头泼了一盆凉水。他立刻清醒地意识到自己和首相的想法都实在是过于不负责任了，只考虑了个人的浪漫和荣誉，而完全忘记了自己对于国家所负的责任。

于是，他立刻给首相丘吉尔写信，他解释说自己虽然很想像古代国王那样，亲自率领英军作战。但是从目前的情况来看，这样做不仅对国家无益，反而是极不负责任的做法。因此宣称自己收回成命。并且，他也劝首相不要这样做。丘吉尔最终也接受了他的劝告。

87. 郑板桥巧断悔婚案

郑板桥将财主打发走后，便将穷公子找来，问他道："你愿意解除婚约吗？"穷公子流着泪说道："学生自然不愿，这是家父当初为学生定下的婚姻。俗话说，父母之命，媒妁之言。我也并非贪图他家钱财，只是觉得这是父母当初定下的婚姻，想要给九泉之下的父母一个交代罢了！"郑板桥听这年轻人说得有礼有节，条理清晰，便更加欣赏他了，于是对他说道："现在你的岳父之所以赖账，是因为你无钱无势。现在呢，我将他送给我的一千两银子转送给你，你就不穷了；我认了他的女儿为干女儿，你们成亲后，从今以后你就是我的干女婿了，

你也就有势了。他也就没有理由解除婚约了。不过，我之所以这么帮你，也是因为看你人品不错，又有才学，将来肯定不会久居人下。你可不要辜负我和我的干女儿啊！"穷公子一听，又喜又感激，立刻给郑板桥叩头谢恩，并保证一定努力上进，不辜负郑板桥和他的干女儿。

接下来，郑板桥又将财主以及他的女儿找来，对财主女儿说："好了，你现在是我的干女儿，可要听从我的安排啊！"

财主女儿点点头。财主更是在一旁奉承："那是当然，那是当然！"

然后，郑板桥便叫来了穷公子，对财主说："现在，你这个女婿有了一千两银子，也不算很穷了。与小姐成婚后，就是我的干女婿，也算是有势了。这下你没有理由解除婚约了吧。况且，几个月后就是秋闱了，到时他一旦考中，更少不了高

157

官厚禄，你这个岳父还有什么不满意的呢！"

财主这才知道，自己完全上了郑板桥的当了，这等于是自己搭了一千两银子嫁女儿。不过想想郑板桥的话也不无道理，这个女婿眼下虽然穷，倒也的确有些才学，是个上进之人。于是，财主便答应了这门亲事。

最后，郑板桥因怕财主反悔，便说道："俗话说，择日不如撞日，我看就在今天，我亲自为你们主持婚礼！"

财主也答应了。巧的是，这年秋闱，这个穷公子还真考中了，于是财主以及小夫妻三人对郑板桥都十分感激。

88.记者装愚引总统开口

这个记者故意自言自语地说："想不到这里如今还在用锄头开垦土地呢！"

"胡说！"坐在一旁的胡佛一听，对于这位对美国农业"毫不了解"的记者感到十分愤

怒，"这里早就用现代化的方法来进行垦伐了！"接着他便大谈特谈起美国的垦殖问题来了。就这样，这位记者达到了自己的目的。不久，一篇内容详尽的《胡佛谈美国农业垦殖问题》的新闻报道就见了报。

89.东方朔劝汉武帝

东方朔和方士一起来到了宫里后，声称自己已经上过天了，有方士作证，说罢示意方士证明。方士深恐别人指责他没有道术，于是便绘声绘色地向汉武帝描述了自己和东方朔一起在"天上腾云驾雾"的经历。不仅如此，为了证明自己的道术高明，他还添油加醋，说得神乎其神，还将与天神见面的场面说得十分真切。

没想到等方士说完，东方朔又反过来将老底兜了出来，对汉武帝从头到尾地讲述了事情的真实情况。最后告诉汉武帝："这下您明白这些方士是些什么人了吧？"汉武帝一

听，便不再信任这帮方士了，也明白了根本不存在什么不死之药。

在这个故事里，东方朔从一开始便抱定了"项庄舞剑，意在沛公"的心思。他从拆穿方士骗人嘴脸的角度，使得汉武帝不再信任那帮方士，进而也就不再相信不死之药这回事，这是一种巧妙的迂回思维。

90. 诸葛亮智激周瑜

诸葛亮到达东吴后，首先便是前来拜访周瑜。寒暄之后，周瑜问诸葛亮有何办法抵抗曹操。"曹操来势汹汹，兵多将广，其本人又善于用兵，硬拼恐怕难以抵挡。"诸葛亮假意沉思说道，"不过，愚倒有一计：只需派遣一名使者，送两个人给曹操，曹操得到这两个人后，定会引领百万大军北还。"

周瑜一听，很是好奇，问道："哪两个人，有如此大的作用？"

诸葛亮于是捋着胡须煞有介事地说道："我尚在南阳隆中居住的时候，听说曹操曾在漳河之上建造了一座铜雀台，很是雄伟宏壮。曹操自称要搜集天下美女，置于台上，以供自己晚年享乐。那曹操一向是个好色之徒，他听说江东乔公有两个女儿，大女儿名叫大乔，小女儿名叫小乔，两人均有沉鱼落雁之容。因此，曹操曾经当众对文武大臣说过，他此生有两个愿望，一个便是荡平天下，统一海内；第二个便是得到江东二乔，将其安置于铜雀台上，此生死而无憾了。如今曹操雄兵百万，陈列江东，表面上是虎视江南，实则只是想得到二乔而已。因此，将军何不派人前去找到乔公，花重金买得此二女，送与曹操。岂不是简单！"

周瑜听罢，隐忍发问道："你说曹操想要得到二乔，可有什么凭证？"

诸葛亮假意一本正经地

说："如果是子虚乌有，我也不敢到将军面前献此计。曹操的儿子曹植素有才华，当初铜雀台落成之际，他便曾奉父命作了一赋，名曰《铜雀台赋》。在该赋中，便表露他曹家要当天子，同时又想得到二乔的愿望。"

"先生可还记得此赋内容？"周瑜阴着脸问道。

"我因喜爱此赋文辞，曾熟读此赋，因此已能背下。"诸葛亮说罢，便背诵其该赋来。

当背诵到"立双台于左右兮，有玉龙与金凤。连二桥于东西兮，若长空之蜿蛛"几句时，诸葛亮舌头一转，将其改成了"立双台于左右兮，有玉龙与金凤。揽二乔于东南兮，乐朝夕之与共。"

周瑜一听到此句，勃然大怒，站起来指着北方大骂道："老贼欺我太甚！"

诸葛亮假意问道："从前匈奴人侵犯我汉朝边境，汉天子曾将自己的公主送与对方和亲，将军又何惜两个民间女子呢？"

周瑜于是说道："先生有所不知，这大乔是先主孙策将军的主妇，小乔则是我周瑜的妻子。"

诸葛亮此时立刻装出一副惶恐的样子，连连谢罪："我实在不知，刚刚失口胡言，实在是死罪！死罪！"

周瑜此时怒气还未消，仍旧说道："我周瑜一向就有心北伐，如今曹操公然南下犯我，我定然与老贼拼个鱼死网破。望先生能助我一臂之力，攻破曹贼！"

"如蒙将军不弃，愚愿效犬马之劳，早晚听从将军差遣！"

于是，在周瑜和诸葛亮的共同说服下，孙权同意与刘备结盟，共破曹操。

91. 新知府"絮叨"问盗

新知府呵斥盗贼道："别人都说你狡诈，果然是不错。这三天来，我故意重复问你同一个问题，可是每天你的回答都不一样。对于这些家常小事，你尚且撒谎，在你犯罪这样重大的问题上，你如何让人信你的话！现在你撒谎的记录已经明确记录在案，对于你这样的狠毒狡诈之徒，我现在就是将你当堂打死，到时也可用这个记录交代上级，得到理解，而不会受到责怪。现在你如不老实招供，我立刻就用大刑伺候你！"说罢，便喝令衙役用刑。强盗一看，顿时服软，表示愿意交代，并在书面上保证永不再翻供。

新知府之所以能够令强盗服软，便是他先迂回地证明了强盗狡诈、没有信用的本性，使得强盗心服口服，心理防线崩溃，进而老实交代了罪行。

92.魏徵巧劝唐太宗

魏徵说："臣以为陛下是在观献陵（唐高祖李渊的陵墓）呢！原来是昭陵，那臣早就看见它了！"

93.长孙皇后劝唐太宗

长孙皇后对唐太宗说："陛下，我之所以给您道喜，是因为我听说'主明臣直'。只有皇帝英明了，大臣才敢直言诤谏；如果皇帝昏聩，周围的人便会是一些阿谀奉承之徒。如今我看到魏徵敢于当面提出您的缺点，甚至惹得您发怒，这正说明我们大唐有英明的皇帝，同时又有魏徵这样的刚直之臣，实乃我大唐之福，我如何能不祝贺呢！"

实际上，长孙皇后的这番话便是在拐弯抹角地为魏徵求情，同时也是在拐弯抹角地奉劝唐太宗要像以前那样虚心纳谏。通过这样一种方式迂回地说出来，显然令唐太宗更容易接受。

94.劝章炳麟进食

"老师您想一下，"王揖唐解释道，"袁世凯如果真要杀您，他早就动手了，何必将您幽禁这么长时间？其实，他也不是不想杀您，但是，他是不敢啊！袁世凯这个人我是十分了解，其狡诈正像曹操一样，他是不想留下杀士的千秋万代骂名啊！而如果您自己绝食而死，则他既解了心头之患，又不用落下骂名。因此老师您是用自己的性命成全了袁世凯啊！"

章炳麟一听，便立刻开始进餐了。

95.林肯迂回拆谎言

林肯说道："证人一口咬定是在10月18日的晚上11时清楚地看到了被告的脸。我请大家想一想，10月18日那天正是上弦月，晚上11时月亮已经落下去了，哪里还有月光？即使退一步说，证人所记的时间不够准确，就算将他所说的时间提前一些，请诸位想象一下，当时的月光是从西往东照，草垛在大树的东边，如果被告的脸正对着草堆，他脸上显然是不可能有月光的，证人

又是如何凭借月光看清被告的脸的？"

在故事中，林肯面对对方的谎言，没有直接进行驳斥，而是先逗引着对方将话说完，将自己的错误完整地暴露出来，以免其在后来抵赖。最后，林肯再运用严密的逻辑使得对方哑口无言。这里，林肯所用的也是一种迂回思维。

96.孙宝充称馓子

孙宝充命人到街上其他货郎那里买来一枚油炸馓子，当众称出重量，然后再叫人将王二的碎掉的馓子捧起来称出重量。然后，再将两者进行相除，即得出了王二的馓子数量。原来，总共只有120枚而已，王二脸红着接过青年赔的钱，向孙宝充道谢后离去。

这里，从正面看，馓子碎了，要想数出其个数，似乎是根本不可能的事情。但是，如果能绕着弯子想一下，办法是如此简单。孙宝充之所以能解

决这个问题，便是因为他利用了一种迂回思维。

97. 神甫的答案

神甫在盒子里放了一只老鼠。两人打开盒子，看到老鼠后，认为这就是神甫的答案，于是都迫不及待地扑上去想捉住神甫的"答案"。但老鼠一下子钻进洞里不见了。两个傻瓜一看自己让神甫的"答案"跑掉了，便不得不承认自己是真的傻瓜。

98. 拥挤问题

智者这次对妇女说："好了，现在你回家去，不要让母牛再住在里面了，一个星期后来找我。"妇女于是回去了。一个星期后，她来到智者家里告诉智者："我按照你的办法做了之后，现在情况好多了！"然后，智者又告诉她："嗯，很好，现在你回去，也不要再让那些鸭子住在屋里了，一个星期后再来找我。"于是妇女回去了。一个星期后，她很高兴地

告诉智者："现在，我和丈夫、孩子，以及公婆都十分安乐地生活在里面了。"

99. 弦高救国

第二天，弦高装扮成郑国使臣的模样赶着十二头肥牛来到秦军驻地，要求见秦国的大将孟明视。孟明视接见了他，弦高对孟明视说："我是郑国的使臣，我们大王早就听说了将军要到郑国去，特地派我来这里迎接，并奉上十二头肥牛来慰劳将军和诸位将士，略表我们的心意。"

孟明视听了，大吃一惊，赶紧对弦高说："让你们费心了，我们不是到贵国去的，你们的礼物我们领了，以后再登门拜谢吧。"于是收下了十二头肥牛，送走了弦高。

送走了弦高以后，孟明视对他的手下们说："看来这郑国早就得到消息了啊，现在一定做好了迎战的准备了，他们以逸待劳，我们恐怕不是他们的

对手，还是先回国，再做打算吧。"于是秦军没有去郑国，就打道回府了。

这时候郑国的大王也接到了弦高的信，知道秦国的三个将军出卖了郑国，就毫不客气地把他们赶走了，秦国的算盘彻底落空了。

100. 王羲之装睡脱险

不小心听到了一个惊天大阴谋，阴谋制造者之一——王敦将军开始怀疑王羲之知道了谈话内容，欲杀了小王羲之，情况十分紧急！王羲之没有选择逃跑或者是躲藏起来，那样不正是"此地无银三百两"，承认听到了谈话内容了吗？王羲之赶紧吐了一口口水涂在自己脸上，然后往床上一躺，胡乱盖上被子，装作没睡醒的样子。王敦来到卧室，见王羲之仍然"沉睡不醒"，长舒了一口气，稍稍放松了一下。但是，还不太放心，于是趴在王羲之耳边小声喊道："羲之，羲之。"王羲之装作没听到，仍然

紧闭双眼，呼呼大睡。这下王敦才放下心来，走出卧室对那个人说："没事，那小子睡得像头死猪。"天一亮，王敦就把王羲之给送回家了。这样，聪明的王羲之临危不乱，机智地躲过了一场大祸。

101. 尔朱敞换衣脱难

尔朱敞拿出一块白玉，对小乞丐们说："看，这是上好的白玉，很值钱，谁能追到我，我就把白玉给谁。"说完，尔朱敞撒腿就跑，小乞丐们紧紧地跟在后面。跑到一个人少的地方，尔朱敞故意停下了脚步。他把白玉扔给那群乞丐，让他们去争抢。一个和尔朱敞身材差不多的小乞丐没抢到白玉，站在旁边暗自生气。尔朱敞走过来说："没关系，别生气了，要不，我把这身衣服换给你怎么样？"小乞丐看看尔朱敞漂亮的衣服，就高兴地和他换了衣服。

尔朱敞穿上乞丐的破衣裳，又弄来一些泥巴抹在脸上，完

全不像一个富家公子了，和那群小乞丐已经没有区别了。他大摇大摆地来到城门，守城的官兵看了，以为他是个小乞丐，没有盘问就把他放出城了。这样，聪明又勇敢的小尔朱敞就躲过了一场杀身之祸。

102. 绝缨救将

楚庄王想了想，高声喊道："先别点蜡，今天我和大家畅饮，非常痛快，大家就不要拘于礼节、正襟危坐了，统统把帽子摘下来吧，咱们继续喝酒！"大家莫名其妙地摘掉帽子以后，楚庄王才命人点上蜡烛。这样，帽子都放在了桌子下面，连楚庄王和许姬也不知道刚才那位大胆的将军是谁。

散席后，许姬问楚庄王为什么不当场抓住那个人。楚庄王笑着说："今天这是庆功宴，大家都很高兴，喝多了之后，一时忘形也可以原谅。如果我真的追究起来，是能说明你的

贞节，但是，弄得不欢而散，将士们会认为我太小气了，以后就不会为我出生入死了。所以，这次就委屈你了。"许姬听了，非常佩服。

后来，楚国和郑国打仗的时候，唐狡将军自告奋勇率领百余人充当先锋，为大军开路。他打起仗来非常勇敢，就像拼命一样，战无不胜，攻无不克，立下了赫赫战功。楚庄王见了，就要重重地奖赏他。唐狡却惭愧地说："大王不必重赏我，只要不治我的罪，我已经心满意足了。"楚庄王很奇怪，就问为什么。唐狡说："上次我喝醉了酒，一时冲动拉了许姬袖子，大王非但没有惩罚我，还替我隐瞒了过去，我感激不尽，所以，现在才舍命杀敌，来报答大王的恩德呀。"楚庄王听了，非常高兴，还是重重赏了他。

103. 拿破仑救人

拿破仑举起手中的猎枪，

瞄准落水的士兵："你抓紧向岸边游过来，不要再瞎扑腾了，听到了没有，否则，我一枪杀了你！"拿破仑向士兵身边"叭！叭！"打了两枪，落水的士兵顿时惊出一身冷汗，拼命向岸边游过来，他的姿势不是很优美，但是看得出来，他会游泳。

落水的士兵爬到岸上，还没看清拿破仑的脸，就大声咆哮着："你这人是怎么回事，不想救我就算了，难道你还想杀了我吗？"拿破仑笑着说："傻瓜，这条安静的小溪，根本不会为难你的，是你自己太慌张，以至于忘了自己还会游泳。我知道你能行，所以鸣枪提示你。"

士兵看清了，站在自己面前的是拿破仑！赶紧拜谢："我不小心掉进水里，吓得失魂落魄，根本就不知道该怎么划水了，要不是您出手相救，说不定现在就淹死了，而我刚才却

对您无礼，请您原谅！"

拿破仑说："没关系，现在你要知道，你自己是能行的。"说着，拿破仑又兴高采烈地去打猎了。

104. 老太太点房报警

老太太坚决地走进屋子，用力地推翻了火炉，炉火瞬间燃着了木制的家具，燃着了床单被褥，燃着了小屋里所有的东西。老太太吃力地爬出房子，看着自己住了几十年的心爱的小屋，燃起了熊熊大火，滚滚浓烟冲上天空，像狼烟一样向人们发出警告。

"不好了，着火了，着火了，大家快去救火呀！"庆典上响起了喊叫声，疯狂的人们，从狂欢中挣脱出来，来不及收拾东西，都快速地涌向老太太的房屋。

西北风呼呼地刮起来，滚滚浪涛立即把庆典现场变成了一片汪洋。

扑灭了火，人们站在镇子

里，远望着海面上肆虐的台风，仍然心有余悸："幸亏老太太点燃了房子，否则现在我们都去喂鲨鱼了！"老太太没有了房子，镇子里的人们纷纷邀请她到自己家里去住。老太太成了小镇子里的大英雄。

105. 与贼巧周旋

面对凶恶强悍的强盗，而自己无力与他争斗，如果激起他的恶性，后果将是不堪设想的。瘦弱的周老师没有选择和强盗对抗，也没有选择转身逃跑，而是用另外一种思路来考虑问题，选择了第三种办法，利用强盗不认识自己这个条件，改变自己的身份，把自己变成了一个"问路人"，从而在表面上和强盗没有了矛盾，使强盗放松下来，为自己赢得了去找救兵的时间。

周老师微笑着问那个强盗："对不起，我不知道您在搬家，打搅了，我想问一下幼儿园的周老师是不是住这里？"听到

"搬家"，强盗紧握着刀柄的手慢慢放松下来，顺水推舟地说道："是……是在搬家，不知道你是？""噢，我是幼儿园学生的家长，来找周老师有点事。"周老师镇定地回答。"她不住在这里，你找错地方了，再去找找吧。"强盗没好气地说道，他只知道盗窃，根本不知道这家主人是谁。

"原来是这样，看来是我走错门了，好吧，那我再去找找。"周老师找了一个借口，转身就出了屋子。强盗长舒了一口气，以为不过是虚惊一场，突然他想起了一个细节，"那个女人手里拿着菜，哪有人去拜访老师的时候，手里会提着菜呢？"强盗觉得有点不对劲，他赶紧窜出房门，想去抓回周老师。

这个时候，周老师已经喊出了四周的邻居，把强盗团团围住了。强盗看到这种阵势，顿时吓倒在地上，当场被大家

擒住了。

106. 华盛顿找马

华盛顿蒙上马的两只眼睛，然后问偷马人："既然你口口声声说，这匹马是你从小养大的，那么，对于它的情况你一定非常熟悉吧。"偷马人不知道华盛顿葫芦里卖的是什么药，犹豫地说："这个是当然。"

"好，那么你能告诉我，这匹不幸的马，哪只眼睛失明了吗？"华盛顿问道。"嗯……这个……应该是右眼。"偷马人抱着侥幸心理猜道。

华盛顿松开自己的右手，马的右眼不是很明亮，但是显然那是一只好眼，并没有瞎。"噢，对了，你瞧我这脑子，是它的左眼瞎了，怎么我刚才说是右眼了吗？噢，那可能是我的口误，对，只是口误而已，华盛顿先生。"偷马人打算抵赖到底。

华盛顿又松开了左手，马的左眼很明亮，看起来视力应

该不错。偷马人直冒冷汗，他继续抵赖："是的，这是匹好马，它没有残疾，眼是好的，华盛顿先生你怎么说它的眼睛是瞎的呢？是的，我错了，刚才是我……"可是，警察已经没有耐性听他解释了，他对偷马人说："没错，小偷先生，是你错了，我看我们还是上警察局里去说吧！"

华盛顿运用聪明和智慧，把狡猾的对手引到错误的地方，最终取得胜利！

107. 蔺相如完璧归赵

蔺相如说："大王，和氏璧上有一个小毛病，请让我指点给大王看。"

秦王信以为真，就把和氏璧交给了他。蔺相如拿到和氏璧，后退到柱子旁，他高举着和氏璧，大声说道："当初，大王派使者到赵国来，说愿意拿15座城池来换和氏璧。赵王诚心诚意地派我把璧送来。大王却在离宫别馆接待我，态度非

常傲慢，而且拿了璧又传给美人看，故意来戏弄我。我看大王没有诚意割让城池，就设计把璧又拿了回来。大王如果逼急了，我宁可把脑袋同和氏璧一起撞碎在柱子上。"说完，就要把和氏璧往柱子上摔。

秦王怕他砸坏玉，赶紧说："先生误会了，我怎么会言而无信呢。"说着叫人拿来一张地图，随手指着地图上的城市说："这些城市都是要给赵国的。"

蔺相如知道秦王不过是在撒谎，就郑重地说道："和氏璧是天下难得的宝贝，赵王派我送和氏璧之前，虔诚地斋戒了5天，大王您果真有诚意，就请您也斋戒5天，在正殿上设九宾大典，我才能把和氏璧交给您。"秦王想：反正你也跑不了。就答应了蔺相如。

蔺相如回到住处，立即叫人装扮成商人的模样，带着和氏璧从小道偷偷地回到了赵国。

五天过去了，秦王按照蔺相如的要求在朝廷中设下了九宫大典，叫蔺相如上朝。蔺相如不慌不忙地来到大殿，向秦王行个礼，说道："我不相信大王，怕上当受骗丢了和氏璧，对不起赵王，就派人把和氏璧送回赵国了。"

秦王听了勃然大怒："你居然敢骗我，我要重重地惩罚你！"

蔺相如说："大王请息怒，天下人都知道，秦国强，赵国弱，如果大王先割让城池，赵国怎么敢因为一块璧而得罪大王呢？蔺相如欺骗了大王，理应受到大王的惩罚，请大王治罪！"

秦王心想：就算杀了蔺相如也拿不到和氏璧了，反而和赵国结下了大仇，还让天下人笑我仗势欺人，实在是得不偿失。就假惺惺地说："不过是一块璧，何必让它影响了两国的关系呢。"于是就叫人把蔺相如放了。

蔺相如完璧归赵用的就是博弈思维，在博弈过程中，蔺相如始终占着一个"理"字，使赵国站在道义的一方，而使秦国陷入理亏的一边——秦国派使者来，说要交换和氏璧，蔺相如答应了要求，使赵国不理亏；秦王请周围的美女和大臣把玩和氏璧，故意不理睬堂下的蔺相如，蔺相如立即就指出了秦王的无理；见到秦王无意交出城池，蔺相如当即派人把和氏璧送回了赵国，要求秦王先交出城池，赵国才能送上和氏璧，理由是"秦强，赵弱，赵国不敢对秦国抵赖。"同样也符合道理。正所谓有理走遍天下，无理寸步难行。博弈过程中，只要占有"理"字，再强大的对手也可能会无可奈何。

108. 摸钟辨盗

谁也不会承认自己是小偷，如果没有证据，只是用大

话来威吓的话，那么狡猾的小偷是不会轻易上当的。比如前一个县官，审了那么长时间，最后不是无功而返了吗？所以这种情况正面进攻是根本不可取的。陈述古先创设了一个虚假的情景，凭空捏造了一个神钟，让小偷疑神疑鬼，不敢轻易去碰，结果就露出了狐狸尾巴。

又过了一段时间，陈述古终于开始升堂审理案子了，县衙门外围了很多人看热闹。陈述古把那几个嫌疑人叫到大堂上来，对他们说："既然你们不肯承认，那么我只有让神钟来辨别谁是小偷了。你们每个人都进去摸一下神钟，到时候谁是小偷就一目了然了。"

神钟放在衙门后院里，用幔布给围了起来。捕头把几个嫌疑人带到幔帐里面，让他们每人摸一下神钟。但是，直到最后一个人摸完，神钟还是没响，外面的百姓开始议论

纷纷："看来神钟也不怎么灵啊。"陈述古听了，神秘地笑了笑。

所有人都摸过神钟以后，捕头又把嫌疑人带到了大堂。陈述古说："好，现在把你们的手举起来。"几个嫌疑人都把手给举了起来，结果大家看到所有人的手都染上了黑黑的墨迹，只有一个人的手上什么也没有。陈述古大声对那个人说："大胆刁民，还不快快招来。"

原来，陈述古叫人在钟上涂上了墨水，只要去摸钟，手上就会沾上墨迹。如果谁的手上没有墨迹，那么他肯定是做贼心虚不敢去摸钟，也就是说，他就是那个小偷。

小偷听了陈述古的话，顿时瘫软在地上，一五一十地交代了他盗窃的经过。

再狡猾的狐狸也斗不过好的猎手，如果正面进攻不能成功的话，那么侧面的迂回进攻说不定就会让它露出狐狸的尾

巴来，总有一个方法能解决问题，毕竟，贼总是心虚的。

109. 晏子使楚

当无端受到他人不怀好意的侮辱的时候，特别是侮辱还涉及国家尊严的时候，就要抓住对方语言中的漏洞，予以坚决反击——晏子站起来，离开酒席，郑重地对楚王说："我听说把橘树种植在淮河以南，就能长出又大又甜的橘子来，如果把橘树移植到淮河以北，那么结出的只是又小又苦的枳。这就是淮河以南和淮河以北水土不同的原因呀。而刚才过去的那个犯人，在齐国的时候，不会盗窃，是一个诚实善良的人。但是一到楚国就变成了一个盗窃犯，这恐怕也是受到楚国水土的影响了吧。"楚王听了，哭笑不得，只好尴尬地笑笑。

面对楚王的挑衅，晏子选择了不卑不亢的针锋相对，利用自己过人的聪明才智，反唇

相讥，使楚王不仅没有达到目的，自己还反受其辱。反唇相讥就是指受到别人无理侮辱的时候，接过对方的话柄，反过来责问对方。楚王三次处心积虑的侮辱，都被晏子抓住话柄，巧妙地予以反击，是典型的反唇相讥的例子。

110. 郑板桥智惩盐商

郑板桥叫人拿来一块草席，在席上挖了几个洞，做成了一个枷子的样子。他又拿来几张纸，在纸上画了青翠的竹子，写上了苍劲有力的字。写完后，把纸贴到"枷子"上，把枷子戴在私盐贩子的头上。这个"枷子"轻飘飘的，戴在身上一点也不感到难受。最后，郑板桥叫人把盐贩子带到王冉干的店铺门口示众。

郑板桥画的竹子临风摇曳，多彩多姿，件件都是上乘之作。大家见了，纷纷过来围观，一下子就把王冉干的店铺围了个水泄不通，大家一边欣赏一边

议论，整整一天都闹闹哄哄的，根本没有办法做生意。王冉干终于明白了郑板桥的意图，他怀恨在心，但是没有办法，如果再过两天不做生意的话，那就赔大了。于是，他只好硬着头皮来找郑板桥："郑大人，我看那个私盐贩子实在是太可怜了，就让他提前回家去吧，省得家里人担心。"王冉干假仁假义地说。郑板桥听了，笑着讽刺他说："怎么？王员外你也有于心不忍的时候呀，你难得大发慈悲，本官就答应你的请求。"王冉干苦笑着说："那就谢谢郑大人了。"说完，就灰溜溜地回去了。

郑板桥释放了私盐贩子，还把那几幅字画卖了几十两银子送给他。私盐贩子用这笔钱做起了小生意，再也不用贩卖私盐了。潍县的百姓听说这件事，纷纷称赞郑板桥是一个爱民如子的好官。

111. 县令巧计除贼窝

原来，县令给两个盗贼的竹竿中间是通的，里面装满了石灰，两个强盗抬着它，在地上留下了一长串白斑点，县令就顺着白点找到了贼窝——聪明的县令通过一个不起眼的竹竿，就让盗贼自己留下了线索，从而一举端掉了"死不怕"的老窝。

我们来看看县令的思路，首先，县令没有满足于暂时的小收获——两个盗贼，而是把目光放得更远，想要端掉贼窝。然后县令通过一桌酒席，麻痹盗贼，等到时机成熟的时候，理所当然地送上"追踪器"——装满石灰的空心竹竿。最后，在第二日清晨，顺藤摸瓜，通过石灰点，找到了盗贼的老窝，从而达到了目的。

这样一个简单的小故事里面，还蕴藏着这么多的智慧点。其中最关键的一点就在于，县令巧妙地给两个盗贼安装上了

"追踪器"，有了这个追踪器，他想逃也逃不了了。

112. 墨子退兵

在博弈过程中。如果能使对方知难而退，从而避免一场不必要的争斗，那么对于这件事情来说，无疑是最圆满的结局了。墨子就是这样做的。

公输般用云梯攻城，墨子就用火箭烧云梯；公输般用撞车撞城门，墨子就用滚木擂石砸撞车；公输般挖地道攻城，墨子就往地道里放烟熏……公输般一共用了九种方法攻城，把他知道的攻城方法都用完了，墨子都有应对的办法，而且他还有别的高招没有使用出来。公输般惊呆了，他恶狠狠地对墨子说："我还有一个办法来对付你，但是我不说出来。"墨子笑道："我知道你用什么方法来对付我，我已经有破解的办法了。"

楚惠王被他俩人的话给弄糊涂了，他不解地问道："你们

俩人在说什么呀，我怎么听不懂呢？"墨子说："公输般是要把我杀了，他以为只要我死了，就没有人为宋国守城了。但是他不知道，我早就把我的三百个徒弟送到了宋国，他们每个人都会我守城的方法，所以就算我被公输般杀了，楚国也别想轻易地攻下宋国。"楚惠王听了墨子的话，看到墨子的本领，觉得攻打宋国确实非常困难，于是他就对墨子说："先生说得很有道理，我决定不攻打宋国了。"

墨子凭借他的聪明才智，阻止了一场战争的发生。

113. 西门豹治邺

原来西门豹是要好好整治整治巫婆和官绅。只听西门豹对巫婆说："你下去求见河伯，就说我们要重选一个漂亮的姑娘，过两天给河伯送去。"然后，不等巫婆说话，就叫卫士把巫婆扔到河里，巫婆马上就沉下去了。等了一会儿，西门豹说："巫婆怎么还不回来？让她的徒弟下去催一催。"卫士又把巫婆的一个徒弟扔到了河里，过了一会儿，西门豹又扔了一个徒弟下去。又过了一会儿，西门豹说："看来，女人干不了事，麻烦一个官绅下去给河伯解释一下。"说着，让卫士把带头的一个官绅扔到了水里。这时候官绅和巫婆们都害怕起来，他们战战兢兢地跪在地上，不停地给西门豹磕头。又等了一会儿，西门豹看看河里还没有动静，就说："看来，河神好客，把他们留下了，我们别等了，都回去吧。"官绅和巫婆们等西门豹走远了，才站起来，从此再也不敢提给河伯娶妻的事了。

114. 徐童保树

做荒谬的事情，总有一个荒谬的理由，从根本上驳斥倒荒谬的理由，就能阻止荒谬的事情发生——徐童大声对老先生说："院子造得四方方，四四方方口字状，院子里面如住人，人在口中不吉祥。郭伯伯，口中一个人，是什么字？"老先生说："是囚字。"徐童说："是囚禁、囚犯的'囚'，郭伯伯，你把树砍了，困字就变成了囚字，这个字比困字更不吉利呢，你是不是也要从院子里面搬出去了呢？"老先生听了，仔细想了想，然后笑着说："你这孩子，真是个机灵鬼，不过，确实是我错了。"说着，老先生向那群人摆摆手，让他们回去了，树就保存下来了。

具有挑战性、趣味性与科学性的思维名题